Vivendo e aprendendo a brigar

Sergio e Magali Leoto

Vivendo e aprendendo a brigar

A separação não precisa ser a solução para os conflitos do casamento

Thomas Nelson
Brasil

Publisher	Omar Santos
Editor responsável	Samuel Coto
Produção	Adriana Torres
	Thalita Aragão Ramalho
Produção editorial	Daniel Borges
	Anna Beatriz Seilhe
Preparação de texto	Fernanda Silveira
Revisão	Luiz Fernando Pecis
	Leonardo Vianna
Diagramação e projeto gráfico	Carmen Beatriz

As citações bíblicas foram retiradas da *Nova Versão Internacional* — NVI. As exceções estão devidamente indicadas pelas siglas NTLH (*Nova Tradução na Linguagem de Hoje*) e ARA (*Almeida Revista e Atualizada*).

CIP-BRASIL. CATALOGAÇÃO NA PUBLICAÇÃO
SINDICATO NACIONAL DOS EDITORES DE LIVROS, RJ

L588v Leoto, Sergio .
Vivendo e aprendendo a brigar / Sergio Leoto, Magali Leoto.
– Rio de Janeiro: Thomas Nelson Brasil, 2013.

ISBN: 978-85-7860-439-4

1. Vida cristã – Família. 2. Administração de conflitos. I. Leoto, Magali. II. Título.

CDD 249
CDU 2-67

Thomas Nelson Brasil é uma marca licenciada
à Vida Melhor Editora S.A.

Rua Nova Jerusalém, 345 — Bonsucesso
Rio de Janeiro — RJ — CEP 21402-325
Tel.: (21) 3882-8200 — Fax: (21) 3882-8212 / 3882-8313
www.thomasnelson.com.br

Dedicamos este livro a todas as pessoas, anônimas ou não, que acompanham nosso trabalho nestes mais de trinta anos.

São leitores e estudiosos de nossos livros, artigos feitos para o nosso site ou de terceiros, facebook, e-mails, revistas, jornais e outras mídias, que nos encontram ou nos escrevem compartilhando como foram influenciados positivamente.

São pessoas que ouvem nossas palestras em encontros de casais, de família, de juventude, congressos de liderança, de mulheres, de homens, para filhos de pastores, alunos de escolas em que falamos, no Brasil e às vezes fora dele.

Alguns deles pudemos ajudar de forma mais direta, ainda quando eram solteiros ou por meio de um discipulado, seja através de um aconselhamento pré-nupcial, ou quando já estavam casados.

Cada um destes tornou-se um presente de Deus para nós. São pessoas que nos motivaram a escrever, falar e a estudar mais, visando melhor comunicar os valores eternos. Acima de tudo nos ajudaram a buscar, na dependência de Deus, ser coerentes em viver e praticar o que dizemos e acreditamos.

Os autores

Sumário

Introdução

No meio da madrugada, o som da sirene de um carro de polícia acorda a vizinhança. E com a pressa de quem atende a um pedido de socorro, o veículo freia ruidosamente e estaciona na porta da casa da família Oliveira. O vizinho da casa ao lado, indignado com a gritaria, os palavrões e com o choro de uma criança, que se ouvia a muitos metros de distância, ligou para a delegacia e fez a denúncia de que algo muito estranho estava acontecendo.

Diante daquela balbúrdia, pensando que fosse um assalto em andamento, os policiais invadiram a casa; atônitos, encontraram a mãe caída no chão, chorando, com hematomas no braço causados pelo empurrão que levou do marido. Havia cacos espalhados pelo chão do copo que ela havia jogado na parede. Lucas, o filho de quatro anos do casal, estava debaixo da mesa, encolhido e assustado.

— Vocês estão brigando por minha causa? Não chore, mamãe, eu prometo que serei um menino bonzinho! — gritava o menino.

Alfredo, o pai, tentou amenizar a situação dando explicações à polícia sobre o que ocorrera. Bete, a mãe, levantou-se do chão dizendo que estava tudo bem e acolheu a criança em seu colo. Os dois policiais aceitaram as explicações do casal de que ocorrera um desentendimento familiar, que por um tempo saiu do controle, mas que havia retornado à normalidade.

Bete, chorando e magoada por ter apanhado na presença do filho pequeno, desejou ir até a delegacia registrar queixa contra

Alfredo. Os dois entraram no veículo da família, escoltados pelo carro de polícia, com destino à delegacia. Dona Maria Lúcia, uma das vizinhas mais antigas do casal, ofereceu-se para ficar com o pequeno Lucas, na ausência dos pais.

Os nomes das pessoas aqui mencionados são fictícios, mas a história, não.

Os conflitos malresolvidos entre Bete e Alfredo aconteciam desde o namoro. A pouca tolerância, a falta de limites e principalmente o fato de não cultivarem uma boa comunicação eram suas maiores dificuldades. Uniram-se com a ideia de que as coisas seriam diferentes depois do casamento. Mas isso não aconteceu; pelo contrário, a convivência só acentuou os problemas de relacionamento.

Ter um bebê seria a salvação para um casamento centrado na individualidade. Quatro anos depois do nascimento de Lucas, a criança presenciava o cenário de terror que acabamos de descrever — mais um.

Aquele casal cristão era acompanhado por seu pastor, que nos ligou pedindo ajuda, após o incidente. Então, tivemos alguns encontros de aconselhamento com os dois, mas logo eles começaram a se consultar com a Magali, que é psicóloga.

Ambos também foram encaminhados a um psiquiatra cristão. Alfredo foi diagnosticado com Transtorno Explosivo Intermitente[1] e Bete com Transtorno Bipolar.[2] Ambos foram medicados,

---

[1] A característica essencial desse transtorno é a ocorrência de episódios de fracasso em resistir a impulsos agressivos, acarretando sérios atos agressivos ou a destruição de propriedades. O grau de agressividade expressada durante um episódio é amplamente desproporcional a qualquer provocação ou estressor psicossocial desencadeante.

Os episódios agressivos não são decorrentes de efeitos fisiológicos diretos de uma substância (por exemplo, abuso de droga, medicamento) ou de uma condição médica geral (como traumatismo craniano, doença de Alzheimer). O indivíduo pode descrever os episódios agressivos como "surtos" ou "ataques" nos quais o comportamento explosivo é precedido por um sentimento de tensão ou excitação, sendo imediatamente seguido por uma sensação de alívio.

Posteriormente, ele pode sentir remorso, arrependimento ou embaraço pelo comportamento agressivo. (Fonte: Dicionário Psiqweb: www.psiqweb.med.br)

[2] Transtorno Bipolar do Humor, sinônimo de Transtorno Afetivo Bipolar (antiga denominação de Psicose Maníaco-Depressiva — PMD), é um transtorno caracterizado

seguiram rigorosamente o tratamento e a terapia individual e hoje vivem um relacionamento familiar razoavelmente saudável.

Esse é apenas um dos casos que temos acompanhado em nosso ministério Fortalecendo a Família. Há trinta anos temos trabalhado junto às famílias e nos últimos tempos temos percebido que as crises nos relacionamentos têm se agravado cada vez mais, sejam entre cônjuges, pais e filhos, irmãos e irmãs, genros (ou noras) e sogras (ou sogros) e demais graus de parentescos. Os conflitos têm acontecido também além das paredes de um lar, como no trabalho, na igreja, na vizinhança, no trânsito, nas torcidas fanáticas. O ser humano está mesmo intolerante e intratável.

Uma das vertentes de nosso trabalho envolve ministrar cursos e palestras. Durante a maior parte dos fins de semanas de um ano estamos em alguma cidade do país. Dentre os temas que mais desenvolvemos, está a *resolução de conflitos*. *Vivendo e aprendendo a brigar* é o título de uma dessas palestras. Entendíamos que estava na hora de aprofundar o assunto em um livro, a fim de dar nossa contribuição de uma maneira mais abrangente para que as relações humanas tornem-se mais "humanas".

Talvez você esteja indignado com o título, "vivendo e aprendendo a brigar". Parece que estamos incitando as pessoas a se irritarem ainda mais umas com as outras, mas não, não é esse o nosso objetivo! Não queremos que você brigue mais! Ao contrário, desejamos que você aprenda a discutir seus pontos de vista divergentes, mas de maneira inteligente, com sabedoria e em alto nível.

Enquanto existirem dois seres humanos convivendo, uma coisa é certa: cada cabeça, uma sentença. Cada pessoa tem sua opinião. Elas concordarão em algumas coisas, discordarão parcialmente em certas ideias e também serão radicalmente opostas em

por dois ou mais episódios de alteração do humor onde o nível de atividade do sujeito está profundamente perturbado. O distúrbio consiste em episódios de elevação patológica do humor e aumento da energia e da atividade (*hipomania* ou *mania*) e em outras, de um rebaixamento patológico do humor e de redução da energia e da atividade (*depressão*). (Fonte: Dicionário Psiqweb: www.psiqweb.med.br)

outras questões. Isso é completamente normal! Convivemos com pessoas que pensam e agem diferentemente de nós.

"Não é bom que o homem esteja só" (Gênesis 2:18). Desde a Criação, a ideia de Deus foi que o homem tivesse bons relacionamentos, assim como já acontecia na Trindade. "Façamos o homem à nossa imagem, conforme a nossa semelhança" (Gênesis 1:26). É o Deus Pai, em um diálogo com o Deus Filho e o Deus Espírito, declarando que a criatura seria semelhante a eles. Deus é um ser relacional, logo o homem também será. Deus se relaciona entre as pessoas da Trindade e com as suas criaturas. O homem nasce com a mesma capacidade.

"Deus viu que ficou bom" (Gênesis 1:10,12,18,21). É assim que o autor de Gênesis refere-se a cada coisa criada. Porém, é impressionante como ele muda a frase quando faz homem e mulher: "Deus viu tudo o que havia feito, e tudo havia ficado *muito* bom" (Gênesis 1:31, ênfase nossa). Algumas mulheres exageram, dizendo que Deus só disse que "tudo havia ficado muito bom" depois que ele criou a mulher. Afirmam elas que o Senhor criou os homens e simplesmente não falou nada! Sim, elas estão brincando, pois o texto se refere ao casal: homem e mulher.

"Mas se tudo o que Deus fez deveria ser *muito* bom, por que temos tantas dificuldades de relacionamento com as pessoas?" É o que tentaremos desenvolver no decorrer dos capítulos, abordando questões como:

- *Dificuldades para lidar com nossas diferenças.* Cada pessoa tem um modo de agir e funcionar. Essa diferença pode ser o estopim de grandes brigas. Veremos como cada cônjuge lida com as situações do dia a dia. Mostraremos um estudo psicológico comportamental que apresenta quatro tipos de pessoas. Ao aprender a se conhecer e também a conhecer os outros que estão ao seu lado, você terá maior habilidade para conviver até com aqueles que mais o irritam.

- *Uso de máscaras nas relações*. O tempo passa e certos comportamentos vão se solidificando em nós. Passamos a nos distanciar de quem realmente somos e assumimos alguns "personagens", como: o mártir, o herói, a criança indefesa, o bode expiatório, entre outros. Você vai descobrir como se livrar dessas "máscaras", passando a buscar a verdadeira motivação para agir, aproximando-se de quem você realmente é, para alcançar vínculos duradouros e sinceros.
- *Incapacidade de impor limites*. Muitas vezes temos dificuldades para dizer "sim" e "não". Como consequência, nossos relacionamentos perdem limites e fronteiras, e passamos a invadir o território do outro ou a sermos invadidos, o que traz sérios prejuízos para ambos os cônjuges. Os limites físicos são facilmente reconhecidos. Entretanto, os limites da alma são mais complicados de serem notados. Se não souber lidar com eles, as consequências podem ser irreparáveis. Apresentaremos as leis do limite, como: semear e colher, responsabilidade, motivação, proatividade, entre outras, que contribuirão para uma boa assertividade — saber dizer "sim" e "não" na hora certa e do jeito certo.
- *Ira sem equilíbrio*. A ira é um sentimento a ser controlado. Ela tem um lado positivo e um negativo. Um dos grandes desafios do ser humano é manter o domínio diante da ira. Quando não controlada, ela pode causar inúmeros estragos, como amizades desfeitas, brigas vergonhosas, famílias abaladas e até atos criminosos. Aqui você terá sugestões de como dominar essa emoção.
- *Necessidade de se afastar das armadilhas do dia a dia*. Mostraremos as sete principais áreas do relacionamento conjugal que, se não forem cuidadas, tornam-se armas perigosas, arrasando a convivência: amizade, respeito, comunicação, romance, prazer em conviver, valores comuns e

resolução de conflitos. Você saberá como identificar as armadilhas escondidas nessas áreas e a maneira de combatê-las.

- *Defesa contra ataques verbais*. Do mesmo modo como precisamos nos revestir da armadura de Deus para enfrentarmos o mundo espiritual, é necessário um escudo protetor para enfrentarmos os ataques verbais que sofremos. Você conhecerá algumas técnicas para saber se impor diante dos ataques, cortar provocações, não entrar em discussões banais, retomar algum assunto pendente e conter um agressor.
- *Resolução de conflitos eficiente*. Discussões podem ser positivas ou negativas. Precisamos caminhar gradativamente em direção a um comportamento de alto nível quando entramos em conflito. Você verá algumas dicas para obter êxito em suas discussões como: (1) aprender a selecionar as "brigas" necessárias; (2) não usar o tratamento do silêncio; (3) não acumular irritação para explodir depois; (4) preparar o cenário para a discussão etc.
- *Importância de perdoar e de pedir perdão*. O ser humano reluta antes de perdoar. Mas se é tão complicado, por que devemos perdoar? Existem casos em que não há perdão? Quais os efeitos da falta de perdão para a vítima e para as outras pessoas envolvidas? Existe base bíblica sobre o perdão? Apresentaremos as respostas para essas perguntas, além de orientações práticas sobre "como perdoar".

Os temas que abordaremos neste livro são rotineiros e práticos. Não importa se o seu relacionamento conjugal seja um caso de polícia — como o do casal do início da introdução — ou se você apenas tem leves dificuldades de se entender com seu cônjuge, seus filhos, seus parentes, seus colegas de trabalho ou vizinhos. Se o título deste livro, *Vivendo e aprendendo a brigar*, chamou sua atenção, você faz parte do time daqueles que querem conhecer um pouco mais sobre a arte de conviver bem com as pessoas. Aproveite cada dica e tente colocá-las em prática.

Lembre-se, além de tudo, de que o primeiro passo para cura e restauração de um relacionamento é cada um admitir a sua parte no problema. Depois, serão necessárias mudanças e ajustes de ambas as partes. Os efeitos serão mais eficazes se os implicados na briga puderem ler o livro para que entendam os diversos ângulos da questão e as maneiras de solucioná-la. Caso apenas um cônjuge venha a ler o livro, teremos caminhado metade do caminho para a resolução do problema. Uma sugestão é contar com a ajuda de Deus e deixar que ele trabalhe na vida da outra pessoa. A Bíblia diz: "Lancem sobre ele toda a sua ansiedade, porque ele tem cuidado de vocês" (1Pedro 5:7). Então, parabéns, pois você está começando muito bem e dando o primeiro passo em relação ao entendimento.

Boa leitura, boas "brigas", e melhores entendimentos!

Capítulo 1

Conviver com as diferenças

Sergio e Magali são a personificação de um casal que precisou aprender a lidar com suas diferenças. Sergio tem cinco anos a mais que Magali. Parece pouco agora, mas quando ela era criança, ele era adolescente. Enquanto ele curtia Beatles e Rolling Stones, ela nem sabia o que era isso! Consequentemente, alguns gostos musicais e artistas preferidos, não foram e não são os mesmos. Quando começaram a namorar, Magali era uma garota de dezoito anos do interior de São Paulo; e ele, um rapaz de 23, nascido na capital paulista. Receberam uma educação completamente diferente. A primeira briga do namoro foi porque ela subiu em um pé de jabuticaba e chupou a fruta sem lavar, o que é muito comum no interior. Ele nunca tinha subido numa árvore. Aliás, ele só conhecia manga por vê-la no supermercado. Podemos perceber, com isso, que os temperamentos eram completamente opostos. Magali, muito extrovertida, conversava com todos sem dificuldades. Pura emoção! Sergio, sempre mais reservado, detalhista, preferia ser mais reflexivo. Pura razão! Então os opostos se atraíram.

No início do namoro tudo ia bem. Até que, com o passar do tempo, as diferenças foram se tornando motivo de irritação. As cobranças mútuas começaram justamente nas áreas de maior dificuldade de cada um: era impossível para Magali, por exemplo, se manter em algum lugar sem poder conversar "tanto" com as pessoas, como ele desejava. E Sergio vivia reclamando: "Fale mais baixo! Não mexa tanto as mãos." As lamentações de Sergio a irritavam muito: "E você? Veja se conversa mais com as pessoas quando formos a um encontro de amigos! Você fica a noite inteira conversando com uma pessoa só! Perde a oportunidade de conhecer gente nova." O tempo passava e a situação se agravava. Embora se amassem, não conseguiam lidar com suas diferenças de personalidade!

Mas chegou o dia em que comprovaram a providência e o amor de Deus em suas vidas. No auge das brigas — quando já estavam a ponto de terminar o namoro —, resolveram participar da palestra de uma missionária norte-americana durante um treinamento de liderança. A palestrante ministrava sobre os diferentes tipos de comportamentos pessoais, o que interessava muito para ambos, transformando aquele dia em um marco na vida do casal. Foi como se caíssem as vendas dos olhos, permitindo que enxergassem o que havia de bom em cada um. Compreenderam que as diferenças seriam importantes para o relacionamento, se soubessem encará-las da maneira correta. Tanto que, depois dessa ministração reveladora, com a autorização da palestrante, eles adaptaram livremente o estudo para casais e famílias. Esse tema foi tão abençoador em suas vidas que passaram a compartilhá-lo com outras pessoas. Há anos, eles o têm usado em seus cursos e aconselhamentos. Muitos casais têm se reconciliado por meio desse conteúdo.

A versão dessa adaptação aqui apresentada está revisada, porque, além da experiência ministerial que o tempo trouxe para o casal, também há um aprofundamento da pesquisa do tema na área de psicologia, realizado por Magali.

SER HUMANO É SER DIFERENTE

A frase que encabeça essa seção é o título traduzido de um livro da norte-americana Isabel Briggs Myers, que realizou um excelente estudo sobre as diferenças individuais, e representa bem o que somos: humanos, portanto, diferentes. O Criador já nos fez assim, cada um com seu DNA; "homem e mulher os criou" (Gênesis 1:27). Mas também somos seres relacionais, assim como o Senhor também o é. Fomos feitos à sua imagem e semelhança: "Disse Deus: 'Façamos o homem à nossa imagem, conforme a nossa semelhança'" (Gênesis 1:26). Deus é um ser pessoal que se relaciona na Trindade ("*façamos* o homem", está no plural). O Pai conversa com o Filho e com o Espírito. Ele também se relaciona com a criatura: "Deus os abençoou, e lhes disse: 'Sejam férteis e multipliquem-se! Encham e subjuguem a terra!'" (Gênesis 1:28).

Tudo o que o Senhor fez na criação foi perfeito. Mas com o pecado veio a queda e deu-se início à primeira briga de casal! Após ser questionado por Deus sobre o que aconteceu, Adão responde prontamente: "Foi a mulher que me deste por companheira que me deu do fruto da árvore, e eu comi" (Gênesis 3:12). O homem não assumiu a sua parcela de responsabilidade sobre o problema e fez como muitas pessoas fazem: primeiro, colocou a culpa em Deus e depois, no outro! Por sua vez, Eva agiu da mesma maneira, colocando a responsabilidade na serpente. E assim agimos até hoje!

A Bíblia é realista. Ela declara os conflitos e as dificuldades que os grandes homens usados por Deus tiveram em seus relacionamentos. Existem brigas de irmãos em sua casa? Na primeira família também teve! Caim, com inveja do seu irmão, Abel, não soube se controlar e cometeu o primeiro homicídio entre os homens (Gênesis 4:8-26). Uma desavença entre Abrão e Ló foi o suficiente para que se afastassem (Gênesis 13:1-13). Muitos conflitos aconteceram entre os filhos de Davi, envolvendo desde incesto (2Samuel 13:1-22) a homicídio (2Samuel 13:23-39).

Já no Novo Testamento, vemos na Igreja primitiva Ananias e Safira mentirem às pessoas sobre sua oferta e na mesma hora serem fulminados (Atos 5:1-10). Muitos rompimentos, calúnias, inveja e desentendimentos são narrados nas histórias bíblicas. Entretanto, esses conflitos também revelam que Deus tem os seus propósitos para a humanidade. Por meio de sua graça e misericórdia, ele recupera pessoas pecadoras e imperfeitas para que cumpram a sua vontade. Ao abandonarem suas atitudes erradas, permitindo ao Criador dirigir suas vidas, mostram verdadeiro arrependimento, passando a fazer parte da família de Deus. O episódio se repete com diversos personagens bíblicos, tanto homens como mulheres.

A existência desses episódios bíblicos de dificuldades relacionais não significa que o Senhor os aprovava ou que fosse conivente. Pelo contrário, as Escrituras nos exortam a termos boas relações em todas as dimensões da vida e até nos ensinam como obtê-las.

O livro de Provérbios, quase todo escrito pelo rei Salomão, é rico em conselhos nessa área. Se colocássemos em prática o que diz o capítulo 15, versículo 1, "A resposta calma desvia a fúria, mas a palavra ríspida desperta a ira", muitos desentendimentos seriam evitados. Infelizmente, fazemos o contrário — ficamos indignados, falamos com ira, explodimos. Depois nos culpamos: "Bem que eu poderia ter falado com mais calma, evitaria mais essa briga..." O livro de Provérbios tem 31 capítulos. Ao ler um capítulo por dia, em um mês você terá aprendido muitos ensinamentos. Destaque os versículos que nos orientam sobre como lidar com as pessoas. Você ficará impressionado como sua Bíblia ficará marcada e colorida!

A SABEDORIA DE PAULO APLICADA PARA O DIA A DIA DO CASAL

Em Romanos 12:17-18, Paulo admoesta: "Não retribuam a ninguém mal por mal. Procurem fazer o que é correto aos olhos de todos. Façam todo o possível para viver em paz com todos." Acerca das orientações de Paulo, você pode concluir que:

1. Se depender de você, faça de tudo para não entrar em uma briga.
2. É necessário certo esforço para se manter a paz, uma vez que existem pessoas que facilmente iniciam e levam a cabo uma discussão, aquelas tipo "pavio curto".

Certa vez, aconselhamos um casal que discutia por qualquer motivo. Ministramos alguns estudos sobre como resolver conflitos, mas a cada encontro semanal, a situação continuava a mesma. Sugerimos então um desafio: eles deveriam ficar duas semanas sem brigar. Se conseguissem, ganhariam um prêmio! Eles toparam. No entanto, no início da segunda semana, eles brigaram e não alcançaram o objetivo. Foi preciso muito mais tempo de aconselhamento para chegar à restauração desse problema na vida conjugal. Paulo, por exemplo, exorta a *fazermos a nossa parte* para que a paz seja estabelecida e mantida!

Paulo também fala sobre o esforço para se conseguir um bom relacionamento (Romanos 12:18). Cada pessoa tem sua parcela de luta. Deus utiliza várias ferramentas para nos capacitar nessa busca pelo bem.

AMOR DE DEUS

Ao nos comprometermos com o Senhor, somos revestidos com a *presença e poder do Espírito Santo* em nossa vida. Desfrutamos do *seu* amor sobrenatural, descrito em 1Coríntios 13:4-7:

> O amor é paciente, o amor é bondoso. Não inveja, não se vangloria, não se orgulha. Não maltrata, não procura seus interesses, não se ira facilmente, não guarda rancor. O amor não se alegra com a injustiça, mas se alegra com a verdade. Tudo sofre, tudo crê, tudo espera, tudo suporta.

Esse é o amor de Deus por nós, com o qual ele nos capacita a amar aos outros. Normalmente, temos apenas fagulhas desse amor, então precisamos da sua maravilhosa graça para exercitá-lo perfeitamente. É assim que ele nos ajuda a lidar com os outros nos momentos de tensão.

Além desse amor, você recebe outras ferramentas quando dedica sua vida a Cristo, como o *fruto do Espírito*, que está descrito em Gálatas 5:22-23: "Mas o fruto do Espírito é amor, alegria, paz, paciência, amabilidade, bondade, fidelidade, mansidão e domínio próprio"; e as *bem-aventuranças*, que alguns autores dizem ser as qualidades que caracterizam os cidadãos do Reino de Deus. Algumas das recompensas mencionadas nas Escrituras possivelmente serão alcançadas por completo apenas na eternidade. Aqueles que serão recompensados estão listados em Mateus 5:3-12: os pobres em espírito, os que choram, os humildes, os que têm fome e sede de justiça, os misericordiosos, os puros de coração, os pacificadores e os perseguidos.

"Mas o que tudo isso tem a ver com os nossos desentendimentos?" Acontece que essas três ferramentas que recebemos de Deus — o *amor sobrenatural* (ágape, em grego), o *fruto do Espírito* e as *bem-aventuranças* — têm a ver com os nossos relacionamentos interpessoais. Deus, em sua soberania, sabia que íamos dar muito trabalho a ele nessa área. Portanto, providenciou socorro na hora da angústia, capacitando-nos com essas ferramentas. E você pergunta de novo: "Se Deus faz a sua parte, o que eu devo fazer no processo para ter um relacionamento saudável?" Esse é o nosso propósito com este livro: ajudar você a lidar com a sua parte no processo.

POR QUE "MINHA ESPOSA É TÃO CHATA" OU "MEU MARIDO ME IRRITA TANTO"?

Vários estudos foram realizados sobre as diferenças entre os sexos. Há muitas comprovações científicas e a literatura está repleta de livros, textos e teses a respeito dos pontos fortes e desafios de cada gênero. Não queremos aqui nos deter a esses aspectos. Nosso objetivo é tratar das características que dizem respeito às relações interpessoais.

Quando o casal apaixonado está naquela fase inicial, se conhecendo, tudo é lindo! Quanta coisa em comum! Mas o tempo vai passando e as diferenças vão aparecendo. A cada situação mais crítica releva-se algo, mostra-se outra coisa. Um vai tentando se adaptar ao outro. Depois do casamento, aquelas pequenas diferenças crescem. Então, atitudes inicialmente consideradas "engraçadas" ou que são "o jeito" da pessoa, começam a provocar irritação e descontentamento. Algumas pessoas entram em uma grave crise e não conseguem detectar a causa. Quando o casal está casado há muitos anos, o desânimo é maior, como quando ouvimos: "Se em quinze anos de casamento ele não melhorou, o jeito é me conformar, pois não mudará mais!" Estamos casados há trinta anos. Com personalidades e temperamentos tão diferentes, tivemos de aprender a lidar um com o outro — do contrário, não teríamos uma boa convivência.

Neste livro, vamos compartilhar com você um estudo sobre comportamentos que contribuiu para que pudéssemos conhecer melhor um ao outro e lidar com nossas diferenças. Não se trata de uma avaliação sobre *personalidades* ou *temperamentos*, mas uma análise de *comportamentos*. A personalidade está associada com "o que somos", já o comportamento refere-se a "como agimos". Todos os seres humanos têm um padrão de comportamento e conhecê-lo traz grandes benefícios, como:

- Aprofundar informações sobre você mesmo e a respeito dos outros.
- Aumentar sua capacidade de compreensão e de direção da própria conduta.
- Dar condições de como tratar as pessoas e conduzir-se com elas.
- Facilitar e melhorar a comunicação.
- Ajudar a não julgar precipitadamente outras pessoas.

- Auxiliar no controle da irritação e na busca da tolerância.
- Canalizar sua energia para o foco das discussões evitando desperdiçá-la.
- Contribuir para descobrir áreas de conflitos e de carências.
- Fornecer o conhecimento necessário para que você adapte atitudes, diante de diferentes situações e pessoas.

Esse estudo tem algumas semelhanças com o Teste de Tendências Comportamentais TTC-DISC (Dominance Influence Steadiness Compliance), que é conhecido e usado mundialmente no meio organizacional, para treinamento de liderança, formação de equipes, orientação vocacional e profissional, entre outras atividades. Do mesmo modo, teve como referências o "Modelo de preferências individuais", de Myers e Briggs (MBTI); o "Modelo dos estilos de interação", de Jonh Geier; e o "Modelo dos processos ou funções cognitivas", de Carl G. Jung.

Nosso objetivo é fornecer apenas uma base de informação e conhecimento a partir de nossas diferenças pessoais; não tivemos a pretensão de elaborar um instrumento ou recurso de avaliação científica. Para obter uma análise de suas tendências comportamentais com validação profissional, procure uma empresa de recursos humanos ou um psicólogo especializado. Também é possível encontrar o teste DISC e outros na internet, em empresas credenciadas, mediante o pagamento de uma taxa.

COMO SURGIU O ESTUDO DOS ESTILOS PESSOAIS

Desde a Antiguidade, os pensadores observavam as diferenças individuais e tentavam qualificá-las utilizando instrumentos de pesquisas. Na Grécia Antiga, Empédocles, 444 a.C., dizia que tudo era feito com base em quatro raízes ou elementos que determinavam os tipos de pessoas: terra, ar, fogo e água. Hipócrates, em 400 a.C., definiu os quatro temperamentos: sanguíneo, melancólico, colérico e fleumático. Galeno, em 130 d.C., estudou os quatro fluidos do corpo e seus efeitos sobre o comportamento e o temperamento: sangue, bile amarela, bile preta e muco. Carl G. Jung, em 1921, identificou e descreveu quatro tipos de funções psicológicas: pensamento, sentimento, sensação e intuição. William Moulton Marston, em 1928, foi quem se dedicou mais à Teoria DISC, determinando os padrões de comportamento: Dominante (*D*), Influente (*I*), Estável (*S*) e Conformista (*C*) — as letras referem-se ao acrônimo em inglês. Walter Clark, em 1945, desenvolveu uma técnica baseada na teoria de Marston, denominada Análise do Vetor de Atividades. Bill Bonnstetter, em 1980, desenvolveu e introduziu relatórios computadorizados e personalizados com a linguagem DISC, além de também validar a correlação entre as premissas de aparências pessoais e estilo comportamental. Atualmente vários outros estudos e testes têm sido introduzidos ou aperfeiçoados para o reconhecimento dos estilos pessoais de comportamentos, temperamentos e de personalidade, pois são muito utilizados em empresas de recursos humanos para recrutamento e seleção de profissionais para diversos cargos empresariais.

PERFIS DOS ESTILOS DE COMPORTAMENTOS

Estudiosos do comportamento humano já observaram em suas pesquisas que há um *padrão de estilo* na maneira de agir das pessoas. Portanto, quando identificamos esses tipos, não estamos simplesmente colocando rótulos, mas entendendo uma linguagem comportamental universal, encontrada na maioria das pessoas.

Esclarecemos que todos os padrões pessoais mencionados têm seu potencial. Nenhum deles é bom ou ruim, melhor ou pior que o outro. Cada pessoa tem suas habilidades, aquilo que faz bem, mas também tem suas carências e o que precisa melhorar. Cada um apresenta seu estilo de comportamento e entendê-lo certamente facilitará seus relacionamentos, evitando conflitos e brigas desnecessárias.

Você lembra qual foi à última discussão que teve com seu cônjuge? Ou com alguém bem próximo a você? Terá sido porque você queria resolver um problema de um jeito e a outra pessoa queria fazer de outro? E é claro que você tinha certeza de que o *seu* jeito era o melhor! A maior parte de nossas discussões e irritações acontece porque temos maneiras diferentes de agir diante de uma situação. Há muita resistência em aceitar o jeito de fazer do outro. Queremos que o nosso modo de trabalhar ou de pensar prevaleça. A tendência é sempre esperar que o outro tenha atitudes que sejam corretas, segundo o *nosso* ponto de vista. Caso contrário, consideramos errado o que vem da outra parte.

Conhecer o estilo de comportamento alheio é revelador, pois ajuda a entender que o outro é *apenas* diferente. A solução que apresenta para uma situação algumas vezes é até melhor que a sua! Portanto, que fique bem claro: não estamos tratando aqui de *competência* e nem de *inteligência*. Todos nós temos pontos fortes e também algo a melhorar!

Outro fato irá surpreendê-lo: *as outras pessoas podem ter a seu respeito um conceito bem diferente da leitura que você faz de si mesmo.* Às vezes, você está agindo de uma maneira, certo de estar agradando o outro. Enquanto isso, ele está muito irritado com sua atitude. A interpretação que ele faz de sua ação é completamente diferente, porque fez outra leitura! Isso provoca muitas brigas! Veremos esses aspectos mais claramente logo adiante.

Os quatro perfis de comportamentos são: *líder*, *expressivo*, *amigável* e *analítico*. Ao verificar as características de cada um, tente fazer uma autoavaliação e perceber qual é o seu estilo. Você poderá se identificar com alguns traços descritos em um, dois ou até três tipos. Mas, apenas um deles deverá ser escolhido como o mais evidente e dominante. Ele representará melhor como você age a maior parte do tempo.

Ao se avaliar, verifique como as pessoas o veem e não como você se vê. Isso porque estamos tratando de como você age com pessoas e situações. Caso haja dificuldades para se enquadrar em algum estilo, pergunte a alguém do seu convívio em qual tipo ela classificaria você. Observe também as palavras-chave apresentadas em cada perfil e veja com qual delas você se identifica mais.

Após estudar estes perfis, se você não conseguir se definir em nenhum padrão, ou até mesmo considerar que tem igualmente todos, não quer dizer necessariamente que você tenha algum transtorno de personalidade. Lembre que estamos lidando com comportamentos. Isso talvez possa indicar que você está vivendo um conflito interior, alguma luta dentro de si, algo que não esteja conseguindo resolver. Que tal buscar ajuda? Seria uma boa atitude verificar o que está acontecendo, compartilhando o que sente com um profissional dessa área.

Quadro 1 Perfil do LÍDER.
Palavra-chave: Ação

Características
• Gosta de desafios.
• Faz as coisas acontecerem.
• Tem facilidade para vencer obstáculos e oposição.
• Capacidade para solucionar problemas mais difíceis.
• Assume o controle diante das crises.
• Vive em estado de alerta.
• É realista e direto.
• Orientado para a ação.
• Fala muito.
• Controla situações e relacionamentos.
• Busca resultados imediatos.
• Valoriza inteligência, conhecimento e competência.
• Gosta de liderar, supervisionar e dirigir pessoas.
• Prefere planejar e colocar suas ideias em prática.

Sua pergunta: "Como posso ser mais eficiente?"

QUADRO 2 Perfil do AMIGÁVEL.
Palavra-chave: Relacionamentos

Características
• Sensível às necessidades alheias.
• Mostra verdadeiro interesse pelas pessoas.
• Sua satisfação está no conforto e no prazer das pessoas que o cercam.
• É leal aos outros e a uma boa causa.
• Quer ser reconhecido por suas contribuições e sua solidariedade.
• Valoriza os laços familiares e sociais.
• Sente-se desconfortável com confrontos.
• Prefere concordar com as pessoas para preservar a paz e a harmonia.
• Faz suas sugestões com extremo cuidado.
• Não gosta de liderar, mas se prontifica a ajudar nas tarefas.
• Adapta-se bem às situações de rotina.

Sua pergunta: "Será que estão me apoiando?"

Quadro 3 Perfil do ANALÍTICO.
Palavra-chave: Pensamento

Características
• Utiliza o pensamento para enxergar os fatos.
• Toma decisões racionais e lógicas, baseadas em fatos, números e dados.
• Gosta de levantar questões para tirar suas conclusões.
• Tudo deve estar exato, correto e certo.
• Abomina confusão, bagunça e ineficiência.
• Gosta de convenções e regras.
• Comprometido com a preservação das tradições.
• Respeita autoridades e procedimentos estabelecidos.
• Tem um compromisso moral com aquilo que acredita.
• É reservado, não aparenta o que sente.
• Falante quando o assunto é de seu interesse ou do seu conhecimento.
• Costuma ser calmo e controlado, mas pode ter explosões emocionais quando pressionado.
• Tem muitas informações armazenadas.
• Lembra-se claramente de detalhes que tenham um significado pessoal.
• Gosta de tomar decisões corretas não importa quanto tempo isso demore.

Sua pergunta: "Estão me respeitando?"

Quadro 4 Perfil do EXPRESSIVO.
Palavra-chave: Intuição

Características
• Confia em seus impulsos e suas intuições.
• Capta as informações através de um "sexto sentido".
• Seus critérios de avaliação se baseiam em sentimentos e gostos.
• Tem facilidade de observar mais além.
• Quer curtir e viver a vida.
• Deseja liberdade para agir.
• Quer que as coisas caminhem rápido.
• Apresenta grande energia, é emotivo e contagiante.
• Inspira e entusiasma outras pessoas.
• Explora ações, possibilidades e novas ideias.
• Envolve-se e engaja-se em projetos nos quais acredita.
• Fala e demonstra suas emoções abertamente.
• Quer o reconhecimento pelo que faz.
• Quer ser o número 1.
• É curioso, criativo e com uma visão bastante ampla.
• É adaptável e flexível.
• Diverte-se com pessoas e atividades que lhe dão prazer como: moda, culinária, viagens, ecologia etc.

Sua pergunta: "O que estão pensando de mim?"

Como um vê o outro

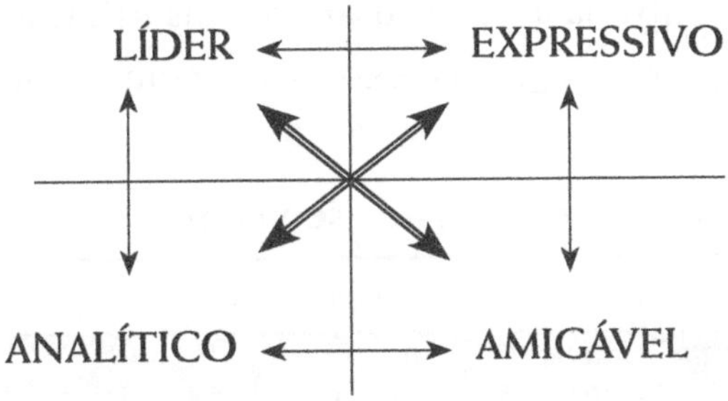

Seguem algumas conclusões com base no gráfico anterior:

- Você pode se identificar com algumas características dos quadros próximos ao seu e ter uma delas como sua segunda opção de estilo. Por exemplo: alguém que se considere um líder pode ser um líder-expressivo ou líder-analítico.
- Também poderá ter características dos quadros próximos ao seu. Mas não se identificará com o quadro oposto ao seu. Isso porque tais características são de pessoas que agem de maneira completamente diferente da sua. Por exemplo: um líder nunca poderá ser líder-amigável, bem como um amigável não será um amigável-líder. Do mesmo modo, um expressivo não pode ser expressivo-analítico, nem o analítico será um analítico-expressivo.
- Será mais fácil se relacionar com as pessoas que estão nos quadros mais próximos ao seu, pois há comportamentos em comum. Por exemplo: líder se relaciona melhor com expressivo e analítico. Expressivo tem mais facilidade em lidar com líder e o amigável. Amigável convive mais tranquilamente com analítico e expressivo. Por sua vez, analítico se sente mais à vontade com amigável e com líder. Os estilos laterais ao seu são aqueles com quem você tem um relacionamento mais fácil.
- Provavelmente você terá mais dificuldades para se relacionar com os perfis que estão nos quadros opostos ao

seu. Eles agem e se organizam de maneira completamente contrária à sua, causando mais irritação. Exemplos: líder com amigável e expressivo com analítico.

Quadro 5: Como os opostos se veem

Líder	
Como ele se vê	**Como o amigável o vê**
• Ativo • Dinâmico • Esperto • Desafiador • Esforçado • Experiente • Visionário • Independente • Decidido • Determinado • Competente • Eficiente • Inteligente	• Dominador • Exigente • Direto demais • Insensível • Impessoal • Intolerante • Oportunista • Agressivo • Briguento • Presunçoso • Que não respeita a opinião dos outros • Orgulhoso • Mandão

Amigável	
Como ele se vê	**Como o líder o vê**
• Afetuoso • Prestativo • Cooperativo • Atencioso • Gentil • Sensível • Respeitador • Agradável • Simpático	• Condescendente • Que não se compromete • Hesitante • Inseguro • Indeciso • Inconsistente • Carente • Melindroso • Dependente • Complicado • Embaraçado

Analítico	
Como ele se vê	**Como o expressivo o vê**
• Trabalhador • Honesto • Persistente • Consistente • Perseverante • Realista • Responsável • Estudioso • Lógico • Assertivo • Seletivo • Sério • Equilibrado • Justo	• Crítico • Chato • Abafador • Áspero • Nervoso • Mal-humorado • Reprimido • Moralista • Preconceituoso • Indeciso • Detalhista • Exagerado nos cuidados • Pessimista • Exigente

Expressivo	
Como ele se vê	**Como o analítico o vê**
• Estimulador • Entusiasmado • Alegre • Otimista • Confiante • Participativo • Democrático • Diplomático • Criativo • Adaptável • Sociável • Simpático • Comunicativo • Talentoso	• Indisciplinado • Agitado • Desconcentrado • Bagunçado • Confuso • Precipitado • Emocional • Descompromissado • Excêntrico • Exagerado • Quer aparecer • Egoísta • Folgado • Atrevido • Sonhador

FLEXIBILIDADE: O CAMINHO PARA LIDAR COM NOSSAS DIFERENÇAS

Um relacionamento saudável, que respeite as diferenças de cada um, só é possível se exercitarmos a *flexibilidade*. Essa habilidade requer que você haja de tal maneira que a outra pessoa possa se sentir bem e à vontade na sua presença. Deve permitir que o casal se entenda sem se anular ou ferir mutuamente. Ser autêntico e honesto, mas usando habilidades para se comunicar com inteligência, levando em conta o jeito de agir de cada um.

Como ser flexível um com o outro

1) **Líder**: incentive-o em seus projetos e planos. Deixe-o colocar suas ideias em prática. Dê o suporte necessário para que atinja seus objetivos. Não dê os passos de como fazer um projeto, pois ele quer fazer isso. Fale rápido, seja sintético e não dê detalhes demais. Dê-lhe desafios e autonomia para trabalhar. Proporcione ações que permitam a ele resolver problemas e aplicar sua experiência. Prefere uma supervisão mínima. Sinalize brandamente quando suas ideias causarem um impacto negativo sobre as pessoas.

2) **Amigável**: desenvolva com ele uma boa amizade e companheirismo. Mostre confiança e lealdade. Dê apoio aos seus sentimentos e a suas emoções. Seja sensível às suas necessidades. Não seja agressivo. Ele precisa se sentir seguro e valorizado. Explique todos os riscos. Dê-lhe as garantias. O amigável gosta de rotinas e detesta mudanças. É necessário incentivá-lo a tentar alternativas para evitar a monotonia. Não ofenda pessoas que ele estima muito.

3) **Analítico**: dê apoio e incentivo aos pensamentos e às conclusões a que ele chegar. Ao lhe apresentar um projeto para avaliar, dê apenas uma opção, com os detalhes e a justificativa da sua opinião. Não dê cinco opções, pois sendo uma pessoa detalhista, demorará muito para decidir. Não exija definições em curtíssimo prazo. Dê-lhe tempo para pensar e avaliar. Caso não tenha tempo

para analisar todas as possibilidades, sua resposta imediata será negativa. Fale devagar e mostre todos os passos. Ele gosta de saber os prós e os contras, os riscos e as garantias. As informações precisam ser exatas. Tem dificuldade de parar de coletar fatos. Você precisa mostrar a hora de finalizar e decidir.

4) **Expressivo**: apoie e elogie em tudo o que ele faz de bom. Seja um bom ouvinte. Fale rápido. Não seja detalhista. Lembre-o de seus compromissos, mas sem criticá-lo. Incentive-o e estimule seus planos e sonhos. Auxilie-o a avaliar os recursos necessários para atingir seus objetivos. Fortaleça sua competência, autoconfiança e autoestima. Reconheça suas habilidades, suas contribuições, suas ideias e sua criatividade. Encoraje-o a permanecer firme nos seus propósitos e alvos.

As maiores dificuldades de cada comportamento

1) **Líder**

Dificuldade: HUMILDADE

Os planos fracassam por falta de conselho, mas são bem-sucedidos quando há muitos conselheiros. (Provérbios 15:22)

O líder tem dificuldade de ouvir a opinião dos outros e ser aberto a visões diferentes. É necessário reconhecer e valorizar as contribuições dos outros estilos. Seu projeto ficará mais completo e terá maiores possibilidades de ter êxito se cada cônjuge acrescentar novos valores e opiniões, ressaltando detalhes que não foram notados pelo líder.

2) **Amigável**

Dificuldade: AUTODETERMINAÇÃO

Meus amados irmãos, mantenham-se firmes, e que nada os abale. Sejam sempre dedicados à obra do Senhor, pois vocês sabem que no Senhor, o trabalho de vocês não será inútil. (1Coríntios 15:58)

Ser firme e inabalável é o que mais o amigável necessita! Ele perde facilmente seu objetivo em benefício dos outros. Quando alguém precisa dele, sua tendência é deixar o que está fazendo de lado para acudir aquela pessoa. Não conclui suas tarefas para poder socorrer alguém. Pode não valorizar as próprias prioridades devido ao desejo de agradar os outros. Reconhece que procura o que é melhor para os outros, mas esquece de si mesmo.

3) Analítico

Dificuldade: Autoiniciativa

Um excessivo sentido de responsabilidade pode levar à estagnação.
— Charles Spurgeon, inglês, um dos maiores evangelistas do século XIX.

O analítico é tão responsável, que tem dificuldades para decidir devido a um excesso de zelo. Quer que tudo seja correto. Isso o deixa paralisado ou atrasa o término de uma tarefa. Leva mais tempo para refletir do que para agir. Precisa de iniciativa para finalizar rapidamente a coleta de dados e chegar a uma conclusão.

4) Expressivo

Dificuldade: Autodisciplina

Não é bom proceder sem refletir, e peca quem é precipitado.
(Provérbios 19:2 – ARA)

O expressivo se deixa levar pelas emoções e, como consequência, toma decisões precipitadas ou equivocadas. Vai de uma possibilidade excitante para outra, sem conseguir muita coisa. Inicia novos projetos ou ideias, sem terminar o que já foi começado. Perde o foco facilmente. É necessário desenvolver mais a reflexão e análise dos fatos para tomar decisões mais consistentes e permanentes.

UNIDADE NA DIVERSIDADE

Não somos iguais! Temos comportamentos diferentes diante das situações. É comum esperar que o outro reaja ou faça tudo da maneira que *você* faria. Nem sempre essa pessoa corresponderá às suas expectativas. Nesse processo, você corre o risco de se decepcionar, ter conflitos, provocando ou sentindo ressentimentos e mágoas.

Precisamos, no entanto, olhar aqueles que pensam diferente de nós de outra maneira. Em muitos casos, os pontos em que somos fracos são exatamente os aspectos fortes das outras pessoas! O contrário também acontece: quando somos fortes em alguns pontos, os outros são extremamente fragilizados. Trabalhando juntos, seremos todos mais eficazes e poderemos nos complementar. Veja que não se trata de *completar*, mas sim de *complementar*!

Somos todos inteiros e completos. Deus disse: "Por essa razão, o homem deixará pai e mãe e se unirá à sua mulher, e eles se tornarão uma só carne" (Gênesis 2:24). Deus não falou sobre unir *metade* do homem, com *metade* da mulher, e os dois tornarem-se uma pessoa. Muito pelo contrário: o homem deve se unir por inteiro, com suas percepções e seu jeito de ser, à sua mulher, que também tem suas percepções e seu jeito de ser. Vocês serão um casal que buscará andar em unidade, apesar de suas características próprias.

Portanto, as diferenças devem aproximar, e não afastar! Ajudem-se mutuamente, onde houver necessidade. Uma pessoa mais emocional e relacional poderá contribuir para que o outro que tem liderança forte se torne mais maleável. Em uma situação de decisão, irá ajudá-lo a observar o impacto de suas ideias na vida das pessoas. Aquele que age de maneira mais lógica pode ajudar o outro a não tomar suas decisões baseadas apenas nas emoções do momento. Deverá auxiliá-lo a calcular melhor todos os riscos da questão.

A disposição em *ser mais flexível* e *respeitar o jeito de ser* da outra pessoa é o caminho para que você aprenda a lidar com as diferenças. Peça sabedoria a Deus para crescer na maneira de se relacionar com os outros. Decida assumir alguns riscos e pagar o preço de lutar por esse objetivo. Se você entregou sua vida ao Senhor, já recebeu, através do Espírito Santo, as ferramentas necessárias para vencer suas barreiras. Encare e enfrente as dificuldades. Deus vai ajudá-lo a superá-las.

Capítulo 2

Aprenda a ouvir o coração do outro

Diante de um conflito no relacionamento, o mais fácil é falar, retrucar e impor sua opinião. Porém, para o sucesso na resolução de problemas é necessário *saber ouvir*. Como fazer isso se vivemos em um mundo onde somos incitados a colocar "a boca no trombone" e falar o que vier à cabeça? Neste livro, temos estimulado um diálogo maior e mais profundo para encontrarmos a solução de uma crise. Mas e o ato de *ouvir*?

A regra básica da comunicação é que quando um fala o outro escuta, ou seja, há um *emissor* e um *receptor*. A questão não é *falar*, pois isso é mais simples e natural. A dificuldade está em *ouvir*. Portanto, é necessário estudarmos um pouco mais sobre como melhorar nossa escuta. E sob uma perspectiva mais profunda: *ouvir o coração do outro*.

A ORIGEM DO PROBLEMA

As mulheres falam mais que os homens. Sua casa é o maior laboratório onde se comprova essa realidade. Porém, desde os anos 1990, neurocientistas e biólogos têm estudado as diferenças dos cérebros masculinos e femininos. A revista *Science*, da Sociedade Americana de Ciências, publicou um artigo relatando que, segundo uma equipe de investigadores da Universidade do Texas e do Arizona (EUA), mulheres e homens pronunciam, por dia, aproximadamente a mesma quantidade de palavras.

Mulheres: 16.215 palavras/dia

Homens: 15.669 palavras/dia

Diferença = 546 palavras

A pequena diferença constatada não é, segundo os pesquisadores, considerada estatisticamente significativa. Esta pesquisa foi feita para refutar o estudo da psiquiatra californiana Louann Brizendine, que afirmou em seu livro *Como as mulheres pensam* (Campus), que as mulheres dizem vinte mil palavras, enquanto os homens falam apenas sete mil.

A questão não está tanto na *quantidade* de palavras, mas na *qualidade dos assuntos* que ambos falam. As pesquisas demonstram que as mulheres conversam sobre relacionamentos, pessoas e sentimentos. Elas usam a argumentação para expor seus pontos de vista, portanto precisam trabalhar as palavras com eloquência. Além disso, também gostam de dar conselhos, ensinar, corrigir e criticar, e a maior parte delas alivia seu estresse conversando.

Já as funções cerebrais masculinas estão ligadas à lógica e às tarefas relativas à orientação espacial. Por isso são mais individualistas, competitivos e suas ações são mais pensadas. O conteúdo de sua fala, quase sempre, é sobre si mesmo ou sobre coisas. Eles preferem passar boa parte do tempo refletindo, envolvidos em seus pensamentos e em silêncio. Não se sentem à vontade para expor seus sentimentos e tentam dissimular ou até negar suas emoções, evitando conversas mais afetivas. Enfrentam grandes dificuldades no que se convencionou chamar de "discutir a relação".

O neurologista Paulo Bertolucci, chefe do setor de neurologia do comportamento da Universidade Federal de São Paulo, é quem afirma em uma entrevista a Lillian Witte Fibe, no programa *Consulta Médica*, da TV UOL, que a anatomia dos cérebros masculino e feminino é que promove a diferença de comportamento: "A região do cérebro responsável pela linguagem é maior na mulher. Além disso, há uma repressão cultural de que *homem não chora*, pois ele não pode mostrar fraqueza. E interpretamos *mostrar emoção* (chorar), como sendo uma *fraqueza*, principalmente em público."

Se os homens têm dificuldade em expressar seus sentimentos, é razoável supor que eles também tenham dificuldade de ouvir os anseios do coração do próximo. É por isso que as esposas reclamam que seus maridos não as ouvem! Uma coisa é certa: se não ouvi-la e nem deixá-la falar, as palavras permanecerão na mente da mulher, que ficará imaginando coisas. Ela pensará *o pior* e tudo isso se voltará contra o marido. Portanto, é melhor escolher o caminho da comunicação e compreender o coração um do outro.

O QUE É OUVIR O CORAÇÃO?

"É fácil ouvir o coração do outro! É só pegar um *estetoscópio* e colocar no lado esquerdo do peito." Não estamos falando de medicina! Nossa intenção é que as pessoas aprendam a se comunicar e caminhem para uma real intimidade. Cada pessoa pode expressar necessidades, sentimentos, desejos, expectativas, gostos, sonhos e crenças próprias. Simplesmente ser ouvido, sem prejulgamentos ou preconceitos, em um clima favorável, no qual cada um procure entender o ponto de vista do outro, com compreensão e respeito.

O casamento pode ser definido como a união de dois mundos que se fundem. Cada um dos cônjuges tem uma história de vida, necessidades e sentimentos próprios. Um relacionamento a dois não é uma fusão de duas pessoas, em que um tem de *anular seu jeito de ser* e assumir a forma do outro. É muito comum os noivos ouvirem dos amigos: "Vocês vão se casar? Estão preparados para a *forca?*" Esse tipo de comentário provoca medo na juventude atual em relação ao casamento. Muitos preferem casar depois dos trinta anos para poder permanecer mais tempo solteiros e livres. Para esses, a união matrimonial representa uma *prisão*, que produz a perda de características pessoais e a *fusão* com o outro.

Nos casamentos que se baseiam em uma relação de *fusão* ou *dependência* como mencionamos anteriormente, os quais se assemelham a uma gaiola de pássaros, os cônjuges vivem almejando fugir, abrindo a portinhola. Anseiam ser livres para voar e escapar para outras relações. Sentem-se vítimas de ciúmes, manipulações, sentimento exagerado de posse e tentativa de controle por parte do outro. Não se permite individualidade e autonomia. A comunicação é prejudicada, pois qualquer discordância é sentida como ameaça de separação ou porque não há amor suficiente, culminando em um relacionamento destrutivo e infeliz.

Há casais, por outro lado, que vivem em uma relação de *independência total*, em que cada um vive a sua vida e faz o que bem entende. Encontram-se para uma boa relação sexual, dividem as contas da casa e as tarefas de educar um filho. Isso mais parece um negócio! Aliás, há cônjuges que são melhores pessoas no local de trabalho do que dentro do lar! Esse tipo de relação é baseada em muito egoísmo e em falta de companheirismo e intimidade.

Uma relação saudável se estabelece a partir da *interdependência*, isto é, cada cônjuge continua sendo quem é, sem perder sua individualidade, mas, ao mesmo tempo, necessita do outro. Há uma segurança no relacionamento. Fica claro o limite de quando depender do outro é *necessário*, mas também quando se é *capaz de agir autonomamente*. Existe um equilíbrio no qual o afastamento não é uma preocupação e a proximidade do outro não traz desconforto, nem a intimidade assusta. Há mútua confiança e capacidade de lidar com situações de discórdia. Aceita-se inclusive a possibilidade das falhas, das deficiências e dos erros do outro. Existe uma rápida volta da paz, por meio do perdão. Os conflitos diários são vistos como parte natural da convivência, que não será desestruturada tão facilmente. Portanto, a relação de interdependência traz mais confiança, amizade, mais empatia às necessidades do parceiro. Uma capacidade maior de ouvir o coração do outro.

O PROCESSO DE OUVIR

Alcançar e manter um relacionamento seguro, com mais liberdade e interdependência, para o que estamos chamando de *ouvir o coração do outro* é um processo. Não é algo que acontece mágica e instantaneamente como um macarrão instantâneo. Embora vivamos na geração *fast-food*, em que tudo tem de ser rápido e compacto, quando se trata de relacionamentos interpessoais alcançar um relacionamento saudável e maduro leva tempo e requer flexibilidade, disposição e aprendizagem.

Ao longo desse processo, torna-se necessário aprofundar os níveis de comunicação. Não se entra no coração do outro apenas conversando sobre fatos do dia a dia, como educação de filhos, orçamento da família, consertos da casa ou funcionamento do carro. Nem sobre as notícias do dia, o preço da gasolina, o político corrupto ou o time que ganhou o jogo. Essas conversas fazem parte do relacionamento, mas não tocam a alma.

Gary Smalley, em seu livro *Eu prometo: o compromisso para o sucesso do seu casamento*, sugere que temos níveis de comunicação que se iniciam com certa superficialidade, mas que devem progredir. Sabemos que a porta de entrada para relacionamentos mais íntimos é poder *expressar opiniões*, *pensamentos*, *ideias* e *expectativas*. Exemplos:

- "Prefiro não assistir a esse filme, porque tem cenas muito violentas. Podemos mudar de canal?"
- "Gosto do meu bife ao ponto. Da próxima vez você pode passá-lo um pouco mais?"

- "No próximo feriado eu gostaria de fazer uma viagem em família; talvez ir à praia, em vez de ir à casa dos seus pais de novo."

Em seu relacionamento você consegue expressar uma opinião com liberdade? Dizer o que pensa, com certa habilidade, e discutir as possibilidades para as diferentes opiniões abre caminhos para aprofundar as conversas, para um nível de *expor sentimentos mais profundos*. Nesse ponto a segurança é fundamental. O outro precisa ser acolhido e saber que não vai ser ridicularizado, mas compreendido e respeitado no que sente:

- "Quando você chega tarde do trabalho, eu fico muito mal. Primeiro, porque temos pouco tempo para ficar juntos e também porque fico preocupada com o que pode acontecer com você, com tanto assalto por aí!"
- "Não me incomodo de você usar o cartão de crédito. Mas usá-lo sem me avisar quanto gastou me irrita. Quando chega a fatura, me sinto sem controle das contas que tenho de pagar."

É fácil para você expor seus sentimentos a respeito do comportamento do seu cônjuge? Sim ou não?

O casal que expressa seus sentimentos, consequentemente é capaz de *revelar com honestidade suas necessidades*, as quais prejudicam o relacionamento. Esse é um nível mais profundo, no qual se pode dizer abertamente o que não está bem entre os dois, sem recriminação, julgamentos e defesas. Isso é utopia? Não, é uma conquista! É ouvir o coração do outro. Necessitamos entender que cada um contribui com 50% para que o relacionamento chegue a esse ponto. Assim:

- "Querido, você tem sido rápido demais nas preliminares das nossas últimas relações sexuais. Quero ser mais aca-

riciada e tocada. Você já fez isso antes com mais romantismo!"
- "Querida, por favor, quando eu chegar do trabalho, me deixa tirar uma soneca de meia hora e conversamos depois. Quando chego, você já começa a me falar sobre os problemas; eu fico irritado e não dou a atenção que você quer."
- "Preciso que você me ajude a disciplinar as crianças quando estiver em casa. Eu já passo a maior parte do tempo com elas. Não é justo você ficar com a fama de bonzinho e eu, com a de chata, que só dá bronca!"

Há liberdade de expor aquilo que não vai bem entre vocês com honestidade e abrir um diálogo sobre como resolver a situação? Com que frequência isso acontece? Uma boa oportunidade de corrigir o que está errado, melhorando a convivência conjugal, é sinalizar para o outro o que não está bem. Em Provérbios 16:24, a Bíblia confirma que uma boa comunicação traz outros benefícios: "As palavras agradáveis são como um favo de mel, são doces para a alma e trazem cura para os ossos". Essa mesma passagem, na versão Almeida Revisada e Atualizada, diz que as palavras agradáveis são: "medicina para o corpo". Confira os benefícios para o corpo, segundo o livro de Smalley:

- Melhora a saúde física porque reduz o estresse.
- Aumenta a eficiência imunológica.
- Diminui o risco de doenças cardiológicas.
- Aumenta o bom humor.
- Há maior prazer e reposta sexual do casal.

A APRENDIZAGEM DO OUVIR

Adquirir uma comunicação mais profunda, sendo capaz de abrir o coração e ouvir o outro, não é uma tarefa tão simples. É necessária habilidade e inteligência emocional. É preciso aprender certas regras e treiná-las.

Há casais que se amam, são bem-sucedidos profissionalmente, conquistaram bens materiais juntos como uma casa, um carro etc., porém são muito ruins na comunicação verbal. Não conseguem discutir um assunto divergente; não sinalizam equilibradamente ao outro quando algo que não lhe agrada foi feito; não mostram suas vontades e seus gostos livremente. Ao contrário: nesses momentos utilizam manipulações, reclamações, críticas ou o silêncio. O modo de se comunicar deve ser alvo de constantes avaliações para que haja crescimento e se possa medir se o relacionamento está saudável. Vamos ver algumas dicas práticas de como comunicar ou responder ao outro, expressando sentimentos e opiniões de maneira clara e sincera, sem baixar o nível do diálogo.

O QUE É O *FEEDBACK* EM UM RELACIONAMENTO?

Uma das técnicas utilizadas para dar um parecer sobre algum assunto é denominada *feedback*. Trata-se de uma palavra de origem inglesa, que significa dar um retorno ou uma resposta, realimentar, comentar determinado pedido ou acontecimento. Tal termo também foi adaptado a outras áreas como administração de empresas, psicologia e até engenharia elétrica. Entretanto, podemos utilizá-lo em qualquer nível de relacionamento, como uma *maneira mais estruturada* de nos comunicarmos, sem perder facilmente o foco.

O *feedback* é uma ação que revela os *pontos positivos e negativos*, tendo em vista a melhoria e o bom desempenho de uma pessoa. Assim, não se utiliza o *feedback* quando se quer expressar um sentimento ou uma emoção. Ele deve tratar de ações, fatos, condutas e desempenho. Seu objetivo é apoiar o outro, se ele fez algo positivo; quando se quer sinalizar um comportamento indesejado, quando é necessário modificar ou implantar um novo comportamento. Antes de tudo, crie um ambiente apropriado para dar esse *feedback*. Busque um local adequado para falar, em particular, isento de interrupções.

Tipos e técnicas de feedback

Há basicamente dois tipos de *feedback*. O *positivo* se faz quando a pessoa realizou algo que superou as expectativas, foi responsável, cumpriu suas tarefas, contribuiu com os valores e os propósitos compartilhados. O *feedback negativo*, ou *corretivo*, é a orientação que se faz para a pessoa interromper ou não repetir um comportamento inadequado, o qual está prejudicando o bom andamento do relacionamento. Existem algumas técnicas especiais para a aplicação de *feedback*, como a do sanduíche e a do disco quebrado, as quais veremos a seguir.

Técnica do sanduíche

Uma das mais conhecidas técnicas de aplicação de feedback é a técnica do sanduíche, criada em 1996 por Roland e Frances Bee e adaptada aqui com o auxílio da descrição da coach executiva Daniela Lago no artigo "Você sabe dar um feeback?", em seu site.

Imagine que você queira fazer um sanduíche, quais seriam os passos para isso? São três passos: cortar o pão; passar um molho e rechear; e fechar o pão. O *feedback* construtivo também pode ser feito da mesma maneira. Agora veja como usar isso ao dar um *feedback*.

Primeiro passo

Montar a base do pão: inicie a conversa com ênfase e valorização dos pontos fortes da pessoa.

Esposa: "Querido, estamos casados há 15 anos e você tem sido um ótimo marido e um pai exemplar. Nossos filhos o admiram muito e gostam da sua companhia. Fico feliz que você me ajude a cuidar deles, colocando-os para dormir e auxiliando nas lições escolares, enquanto preparo o jantar."

Segundo passo

Rechear: Exponha pontos a serem melhorados. A exemplo do seu sanduíche, essa é a parte mais importante, por isso sua descrição é feita em tópicos:

a) Descreva o que aconteceu: Qual é o problema? Tenha bem claro o que precisa ser alterado e o motivo. Cite um exemplo real. Esse é um ponto crucial. É essencial que a pessoa compreenda qual é a questão. Em seguida, ela deve aceitar que há um problema. E, finalmente, é importante que veja que há a necessidade de mudar.

Esposa: "Eu tenho notado que há pelo menos três semanas, quando você está em casa, eu é que tenho disciplinado as crianças, quando elas desobedecem ou fazem algo errado. Hoje, quando o Betinho não quis tomar banho e ficou jogando videogame, você estava perto dele e poderia ter conduzido a situação. Eu tive que deixar o que fazia de lado para resolver um problema que você teria solucionado na hora."

b) Ouça: Permita que o outro exponha as dúvidas e os motivos de suas possíveis dificuldades.

Esposo: "Nossa, eu me distraí e nem notei o problema. Estava assistindo ao jornal na tevê e me desliguei do resto."

c) Descreva o comportamento desejado (o que se espera no final): Seja específico. É muito importante deixar claro o desempenho ou o resultado esperado!

Esposa: "Eu gostaria que quando você estivesse em casa, a disciplina de nossos filhos fosse sua responsabilidade. Assim, compartilhamos nossas atividades e eles não ficam com a ideia de que eu sou a pessoa que só dá bronca e você é o bonzinho."

d) Procure soluções juntos e chegue a um acordo. Promova os ajustes necessários para a execução da tarefa, afinal isso pode não ser muito simples e o outro pode precisar de ajuda.

Dê alguns exemplos, orientações e sugestões sobre como a tarefa pode ser realizada, tendo em vista o objetivo esperado.

Esposo: "Mas haverá momentos em que não vou poder discipliná-los por estar ocupado com algo importante, seja do trabalho ou algo particular. Aí você vai ter que resolver sozinha."

Esposa: "Caso isso aconteça, o que você sugere que façamos?"

Esposo: "Eu posso avisar você de que estou muito ocupado e que não poderei ajudar."

Esposa: "Ótimo! Você me avisa e eu assumo a situação. Mesmo porque esses dias serão uma exceção. Combinado?"

Esposo: "Combinado! Vamos fazer assim."

Terceiro passo

Fechar o sanduíche: Reforce os pontos positivos. Demonstre confiança na possibilidade de êxito.

Esposa: "Que bom poder contar com você na educação dos nossos filhos. Você tem um jeito especial de lidar com eles! Tenho certeza de que daqui para frente não teremos dificuldade em discipliná-los."

Técnica do disco quebrado

Outra técnica utilizada para aplicar o *feedback* é denominada "disco quebrado", consiste em repetir o que o outro acabou de dizer.

Exemplo 1

Esposo: "Nossa, eu me distraí e nem notei o problema. Estava assistindo ao jornal na tevê e me desliguei do resto."

Esposa: "Você está dizendo que se distraiu e não notou o problema porque estava assistindo à tevê. Então, eu gostaria que quando você estivesse em casa, a disciplina de nossos filhos fosse sua responsabilidade. Assim, compartilhamos nossas atividades e eles não ficarão com a ideia de que eu sou a pessoa que só dá a bronca e você, o bonzinho."

Exemplo 2

Esposo: "Mas haverá momentos em que eu não vou poder discipliná-los por estar ocupado com algo importante, seja do trabalho ou algo particular. Aí você vai ter que resolver sozinha."

Esposa: "Eu entendi que haverá dias em que você estará ocupado com algo importante e eu vou ter que resolver a situação. O que sugere que façamos nesses dias?

Etapas básicas de um *feedback*

Em geral as etapas mais praticadas para um *feedback* efetivo são:

1. *Valorização da pessoa*: o objetivo principal é motivar a pessoa a continuar ouvindo e prestando atenção no resto da conversa. Ela não deve se sentir constrangida ou com a impressão de que vai receber uma crítica negativa. Ressalte o tempo que convive com a pessoa. Cite uma qualidade, dando preferência para algo que faça sentido com o que vai ser o centro da conversa. Exemplo:

   Esposa: *"Estamos casados há quinze anos e você tem sido um ótimo marido, um pai exemplar."*

2. *Descrição da ação ou do comportamento inadequado*: inicie a fala com "E" e não com "MAS". O motivo é que usar a segunda alternativa invalida tudo o que disse anteriormente; nesse caso, nega o que você valorizou no outro. Exemplo:

Esposa: "Estamos casados há quinze anos e você tem sido um ótimo marido, um pai exemplar. *E TENHO NOTADO QUE NAS ÚLTIMAS SEMANAS, MESMO COM A SUA PRESENÇA, EU É QUE TENHO DISCIPLINADO AS CRIANÇAS. COMBINAMOS QUE VOCÊ SE RESPONSABILIZARIA PELA DISCIPLINA DELAS SE ESTIVESSE EM CASA.*"

3. *Declaração para que a ação não se repita*: esta parte deve ser feita com uma pergunta, dando o espaço para que o outro se explique. Exemplo:

   Esposa: "Estamos casados há quinze anos e você tem sido um ótimo marido, um pai exemplar. E tenho notado que nas últimas semanas, mesmo com a sua presença, eu é que tenho disciplinado as crianças. Combinamos que você se responsabilizaria pela disciplina delas se estivesse em casa. *O QUE NÓS VAMOS FAZER PARA EVITAR ISSO?*" Ou "[...] *O que nós vamos fazer para melhorar isso da próxima vez?*"

Atenção: Diga "o que *nós* vamos fazer", em vez de "o que *você* vai fazer", já que é algo que deve envolver os dois.

4. *Declaração do compromisso estabelecido e agradecimento*: se a pessoa envolvida não souber o que fazer, cabe a você dar uma sugestão. Caso ela tenha sugerido uma ação válida para resolver o problema, agradeça e finalize o *feedback*, confirmando o compromisso estabelecido. Exemplo:

   Esposo: "Querida, reconheço que me distraí assistindo à tevê e deixei de ajudá-la com nossos filhos. Você pode chamar minha atenção quando isso acontecer?"

   Esposa: "Você está me dizendo que tem se distraído com a tevê e não percebeu que precisava disciplinar as crianças?"

Esposo: "Isso mesmo! Você pode me ajudar, avisando quando eu não estiver cumprindo com a minha responsabilidade?"

Esposa: "Sim, claro. Sei que não vai ficar tão distraído daqui para frente. Vou poder contar com você para disciplinar as crianças quando estiver em casa. Nosso propósito como casal foi educar nossos filhos juntos e dividir nossas tarefas do lar. Sempre admirei você por isso. Agradeço a Deus pelo marido participativo que tenho. Sei que posso contar com você!"

Essas técnicas de *feedback* são algumas das maneiras de sinalizar o que não está bem na convivência conjugal. Porém, cada cônjuge deve tomar consciência de como está a sua atuação dentro do relacionamento. Sentir-se culpado não resolve o problema. É preciso corrigir o que está errado e manter uma atitude de revisão e aprendizado constante.

Avalie-se periodicamente e responda com sinceridade:

- Meu jeito de agir tem complicado ou facilitado a convivência entre nós?
- Estou causando satisfação ou insatisfação?
- Estou promovendo afastamento ou aproximação?

Aprendemos com o sábio rei Salomão em Eclesiastes 3:7 que há "tempo de calar e tempo de falar". Isso reforça a ideia de que há o momento de silenciar para ouvir o coração do outro e, depois, responder aos seus anseios. A sabedoria está em saber qual é o tempo certo de cada atitude. Porém, quando for o momento adequado da resposta (*feedback*), que este seja o desafio do casal: "O seu falar seja sempre agradável e temperado com sal, para que saibam como responder a cada um" (Colossenses 4:6).

Capítulo 3

Viva sem máscaras e assuma responsabilidades

Os relacionamentos interpessoais trazem a cada geração pressões e desafios que muitas vezes são difíceis de suportar. Como resultado, várias frustrações começam a emergir, pois as necessidades afetivas nunca ficam totalmente satisfeitas. Existem pessoas que lidam com suas frustrações exteriorizando as emoções, canalizando-as para o ambiente ou, mais especificamente, para *o outro*. E fazem isso por meio da raiva, de respostas agressivas ou da acusação. Há também os que agem de modo totalmente oposto: interiorizam suas frustrações e voltam *para si* toda essa emoção negativa. Realizam isso por meio da culpa, da ansiedade, da autodepreciação ou do recalque. Ninguém aguenta viver muito tempo assim, saindo por aí descontando suas frustrações nos outros ou se manter em uma autodepreciação contínua; isso provoca uma reação de autodefesa na qual surgem *papéis ilusórios* ou *máscaras*, que utilizamos para conseguir conviver com as pessoas. Como uma das necessidades do ser humano é ser aceito pelos seus pares, não é muito difícil sustentar o pensamento de que se você mostrar o seu verdadeiro eu, correrá o risco de ser rejeitado mais cedo ou mais tarde.

COMO SURGEM AS MÁSCARAS EM NOSSA VIDA?

Desde cedo aprendemos que grande parte das nossas necessidades é atendida por outras pessoas. O bebê descobre que ao chorar sua fome é saciada, as dores, amenizadas e as fraldas, trocadas. É o seu modo de se comunicar com o mundo. Essas cenas de *satisfação* ficam gravadas na memória da criança e tornam-se a motivação para esperar *do outro* o preenchimento de cada carência afetiva.

Devido a essa aprendizagem, conseguimos por meio do choro, da queixa, das exigências ou por nos fazer de vítimas, que as pessoas atendam a nossas necessidades. Esse comportamento foi o modo que encontramos para sobreviver às nossas frustrações. Ele vai sendo introduzido sutilmente, dia após dia, em nossa identidade, como uma máscara que aprendemos a utilizar quando é conveniente. Esse comportamento é repetido por tanto tempo que certas pessoas não conseguem mais definir quem realmente são, se elas mesmas ou a máscara.

Ao buscarmos encontrar o nosso espaço no mundo e sermos aceitos pelos outros, somos submetidos a pressões das mais diversas, à medida que os anos passam. Na infância há a necessidade de chamar a atenção dos pais, de se destacar entre os irmãos, de ter a atenção da professora na escola. Ao iniciar a adolescência, é preciso encontrar sua individualidade, conquistar o coração do amor da sua vida, ser o mais admirado da turma, definir a carreira profissional. Na juventude e na vida adulta, é preciso escolher com quem vai se casar e tornar-se a pessoa idealizada pelo seu cônjuge, ser bem-sucedido no trabalho, no meio social e na família.

Ao longo da vida, para enfrentar todos esses desafios, fazemos uso de *personagens* ou *máscaras*, os quais têm uma dupla função: disfarçar e proteger. *Disfarçar* as dificuldades que temos em manter um relacionamento mais autêntico e *proteger* para que não soframos com a rejeição, ao mostrar quem realmente somos.

O termo *máscara* deriva da palavra latina *persona* — é o mesmo significado da palavra grega *hipokrites* (de onde vem o nosso "hipócrita"), o nome dado às máscaras usadas pelos atores no teatro grego clássico para simbolizar os papéis que estavam representando. Tem, segundo William Barclay em seu livro, *Palavras-chaves*, o sentido de "ator, fingido, aquele que representa um papel".

É desejável que nos comportemos adequadamente nos variados ambientes que frequentamos. Até aí, tudo bem. O problema está em viver uma vida falsa para corresponder às expectativas dos outros. Sem perceber, construímos uma imagem adulterada de nós mesmos. Vivemos diariamente um *personagem* que não é exatamente o que escolhemos ou queríamos ser, mas sim o que nos tornamos. A falta de autenticidade tem muitas vezes como consequência a desmotivação que temos no dia a dia. Tudo nos parece uma obrigação, algo cansativo, no qual perdemos a energia. Quando a motivação não está correta, vivemos de maneira superficial e apresentamos ao mundo apenas uma fachada. Escondemos o verdadeiro indivíduo que está por trás da máscara, que encobre nossas verdadeiras intenções e sentimentos.

Existe uma grande possibilidade de se desenvolver o que chamamos de uma *crise existencial* se nada for feito para mudar essa situação. Essa crise normalmente acontece na fase adulta, por volta dos quarenta anos. Nessa idade, os mesmos questionamentos da adolescência voltam com toda intensidade: "Quem sou eu? Onde estou? Para onde vou?"

TIPOS DE MÁSCARAS MAIS UTILIZADAS

Já foram realizados vários estudos sobre os diferentes papéis que encenamos, como resultado das dificuldades em nossos relacionamentos. Tais personagens se tornam um padrão em nosso comportamento. É um meio de defesa que encontramos, consciente ou inconscientemente, para sofrermos o mínimo possível. Isso bloqueia uma comunicação mais honesta e impede uma intimidade mais profunda.

O psicólogo cristão Carlos Barcelos, em seu livro *Quero minha vida de volta*, conta cinco histórias hipotéticas, que representam os papéis mais comuns nas relações interpessoais; neste livro, tomamos como base essas narrativas. Após uma leitura cuidadosa dos casos a seguir, sugerimos que você avalie se há identificação entre a sua maneira de agir e a de algum personagem da família de Mário.

Caso 1

Mário é alguém que tenta consertar todos os estragos e situações constrangedoras em sua família. Ele queria que sua família funcionasse corretamente e se esforça para preencher as faltas e os erros dos outros familiares. Ajuda sua mãe nas tarefas domésticas, como lavar roupa, preparar comida ou arrumar a casa. Sendo o filho mais velho, carrega o peso de servir de suporte emocional tanto para o pai, como para a mãe e os irmãos. Não recebia elogios e apoio da família, mas era reconhecido como alguém confiável, maduro, capaz e consciencioso por pessoas de fora da família. Na escola, era um dos melhores alunos, sempre trazendo boas notas para casa. Sobressaía-se muito bem, tanto nas tarefas que lhe eram solicitadas, como naquelas em que tomava a iniciativa de realizar.

É uma pessoa com dificuldade de aceitar elogios. Não se permite vibrar com as vitórias, porque sempre tem a sensação de fracasso. Por mais bem-sucedido que seja, sente que as dificuldades de sua família permanecem as mesmas a cada dia. O nível de exigências sobre si é tão grande, que se sente sempre devedor de algo para alguém. Tudo que faz acredita ser apenas parte da sua obrigação em tentar superar os problemas da família.

É um diplomata. Tenta administrar as situações-problema de modo a conseguir o alívio da tensão na família. Age intermediando situações difíceis, procurando de todos os modos possíveis modificá-las para melhor. Conhece as palavras exatas para tranquilizar as pessoas. É um negociador nato.

Reconhece, antes de todos os outros, as nuvens sombrias no horizonte que podem trazer uma tempestade sobre a família e procura abrigar todo mundo. Dá sempre um jeito para manter os atritos familiares em um nível mínimo. Enfrenta o que vier, na esperança de poder modificar os problemas, inclusive às vezes fazendo o que não gosta. Com pouca frequência escolhe o que deseja, mas nunca tem certeza se fez a coisa certa.

Chegou a ter um segundo trabalho para pagar as dívidas da família. De vez em quando assume responsabilidades que não são suas; se preciso for até mesmo com sacrifícios. Ocupa-se com tantas atividades que não tem tempo para se preocupar com as próprias dores. Ao se desviar dos seus problemas, evita a dor de enfrentá-los.

Caso 2

Mário tem um grande problema; Élcio, seu irmão do meio. Ele cria muita confusão à sua volta e sente-se "responsável" pelo sofrimento da família. Quando criança, procurava chamar atenção para si com as travessuras que aprontava. Então aceitava ser punido para com isso amenizar o problema que afligia a todos.

Mário chama a atenção por não ser como o irmão. Corrige sempre o que o irmão faz. Élcio, querendo aliviar Mário, acata suas zangas e seus repúdios, desviando a atenção do problema maior da família para si. Com isso, Élcio, quando aceita a culpa, recebe a atenção que lhe falta. Ele, sendo a causa de tudo, acredita estar suprindo a carência afetiva que sente. Ele leva ao pé da letra o ditado popular: "Falem mal, mas falem de mim." Geralmente persegue outros membros da família, acusando-os pelos seus problemas e dificuldades. Ao mesmo tempo, faz sua autojustiça e critica a todos. Com isso, esconde-se atrás dessa atitude, evitando enxergar suas fraquezas e corrigir seus erros. Tornou-se uma pessoa desagradável, por isso tem poucos amigos.

Caso 3

Geraldo é o mais alegre da família. Sempre faz brincadeiras sobre tudo e todos. Ri da seriedade de Mário e ridiculariza a rebeldia de Élcio. Todos se divertem com ele, pois os problemas da família se amenizam com suas piadas.

Ele acredita que tem a responsabilidade de amenizar a situação, fazendo com que esqueçam por um momento o sofrimento que passam. Quando vê os familiares sorrindo, sente-se importante e valorizado. Mas não se dá conta de que, muitas vezes, enquanto faz os outros rir, sua tristeza interior é maior do que a de qualquer outro membro da família. Com suas brincadeiras e piadas, ele tenta desviar tanto a própria atenção, como a dos outros, da necessidade de enfrentar com coragem os problemas que perturbam a todos.

Caso 4

Sara é a irmã caçula. Procura sempre passar despercebida. Fica quieta em seu canto a maior parte do tempo. Quando se movimenta, o faz silenciosamente para não ser notada, como se não estivesse ali. Todos gostam dela, pois não dá trabalho e não exige muita atenção. Apresenta sentimento de solidão por não se sentir à vontade para falar de suas necessidades.

Esforça-se para ser simpática com os outros, procura mostrar que não precisa de cuidado e atenção. Aplica seu tempo em leituras, em ouvir suas músicas prediletas, com o fone no ouvido. Gasta a maior parte do seu tempo na internet, conversando com os amigos. É tímida, com grandes dificuldades em aceitar envolvimento emocional, necessário a relacionamentos mais íntimos.

Caso 5

Elza está sempre disposta a pagar qualquer preço para aliviar a pressão familiar. Sacrifica seu tempo, energia e felicidade para manter a família unida. Iria até o fim do mundo para que tudo desse certo, isto é, conforme o seu jeito. As pessoas sempre a elogiam por ser uma mãe tão devotada à sua família. Ela acredita que seu marido, vendo o sacrifício que ela faz, pode vir a melhorar, resolvendo assim os problemas da família e trazendo a paz que ela tanto deseja.

A autopiedade é seu lema. Queixa-se constantemente da situação em que vive. Diz aos outros que "seria feliz, se as coisas fossem diferentes do que são". Acha que nada do que está acontecendo é justo, pois se considera uma pessoa boa e que não merece esta vida. Chora muito, reforçando sua autocomiseração.

Deseja que todos notem que ela é uma coitada, uma infeliz. Enquanto se vitima, não procura sua mudança pessoal, justificando a causa de seus problemas como algo que vem de fora. Assim, não olha para dentro de si e para os próprios erros. Sente-se culpada pelas dificuldades familiares. Procura resgatar essa culpa mostrando aos outros todo esforço e sacrifício que está fazendo para que sua família e seus problemas sejam resolvidos.

Após a apresentação desses cinco casos, você já tem condições de deduzir os papéis que cada um deles representa no teatro de suas vidas:

- Caso 1: Herói
- Caso 2: Bode expiatório
- Caso 3: Mascote
- Caso 4: Criança perdida
- Caso 5: Mártir

Você provavelmente deve ter se identificado com algum personagem ou até com dois ou três deles, já que os papéis não são fixos. Pode-se atuar de maneira mesclada, exercendo ora um personagem, ora outro. Isso depende de com quem nos relacionamos e do ambiente em que estamos: o *herói* pode atuar ao mesmo tempo como *mascote*; ou um *bode expiatório* pode agir ao mesmo tempo como *mártir*; e assim por diante. Em qualquer tipo de grupo de pessoas vamos encontrar esses estilos de atuação: seja na família, no trabalho, na escola ou no time de futebol.

Pode-se notar também essa situação na relação conjugal. Cada um pode exercer esses papéis, influenciados principalmente pela posição de filho ou filha que ocupou em sua família de origem. O filho mais velho tem a tendência de ser *herói*. O caçula, possivelmente uma *criança perdida*. Um irmão do meio pode agir como *mártir*. Enfim, cada um na família busca uma maneira de se proteger ou se defender. No casamento, a tendência é de que a pessoa venha a *repetir* o mesmo papel que exercia em sua família.

DEIXE A MÁSCARA CAIR

Não é fácil modificar um comportamento que se instalou há tanto tempo e virou hábito. Os papéis que escolhemos representar inconscientemente se tornaram um padrão e precisamos de esforço para transformá-lo.

Há um efeito ilusório nesses papéis. Eles promovem a falsa impressão de que o relacionamento caminha bem, mas, no íntimo, existe uma frustração. Alguém está se anulando ou abrindo mão de algum desejo, enquanto o outro está se beneficiando com a situação.

É preciso arrancar as máscaras e assumir as responsabilidades! Não espere ficar cansado, sem energia, entrar em uma crise existencial ou espiritual. Você é o responsável pela sua vida e precisa resolver essa situação! A Bíblia nos exorta a ser *íntegros*, que quer dizer "inteiros, aqueles que não são divididos". Veja o que dizem essas passagens da carta de Tiago:

- Tiago 4:8: "*Aproximem-se de Deus, e ele se aproximará de vocês! Pecadores, limpem as mãos, e vocês, que têm a mente dividida, purifiquem o coração.*"
- Tiago 1:7-8: "*Não pense tal homem que receberá coisa alguma do Senhor; é alguém que tem mente dividida e é instável em tudo o que faz.*"

Agir com *transparência* e *verdade*, consigo mesmo e com os outros deve ser nossa prática diária, levando a sério a decisão de parar com a inconstância e com a mente dividida. O próximo passo é — *reconhecer e admitir a dificuldade*. Deus fala através do profeta Jeremias, para nos alertar: "Enganoso é o coração, mais do que todas as coisas, e desesperadamente corrupto, quem o conhecerá? Eu, o SENHOR, esquadrinho o coração, eu provo os pensamentos; e isto para dar a cada um segundo o seu proceder, segundo o fruto das suas ações" (Jeremias 17:9-10 ARA).

Não nos conhecemos tão bem quanto imaginamos. Temos atitudes e reações que algumas vezes surpreendem até mesmo a nós. Mas *o primeiro passo para a cura é admitir* — suas dificuldades, suas fraquezas e a sua necessidade de mudar. O nosso coração muitas vezes nos engana. Queremos alcançar benefícios, ser aceitos e amados, usando de recursos que nem sempre são legítimos. Não adianta querer ser o Messias — salvando a todos, vitimar-se ou tornar-se aquele que melhor conta a piada. Precisamos reconhecer que estas atitudes estão erradas e precisam ser abandonadas.

"Conhecerão a verdade, e a verdade os libertará" (João 8:32). Esta precisa ser uma realidade em nossas vidas. Ao andarmos com Cristo — que é "a verdade" (João 14:6 ARA) —, ele vai mostrando *a nossa verdade* diariamente, revelando as nossas fraquezas, imperfeições e atitudes dúbias. Assim, podemos confessá-las ao Senhor e sermos perdoados, pois o sangue de Jesus, nos purifica de todo o pecado: "Se confessarmos os nossos pecados, ele é fiel e justo para perdoar os nossos pecados e nos purificar de toda injustiça" (1João 1:9).

Abandonar as máscaras significa *transformar a nossa mente*. Agir de maneira diferente. Quebrar o funcionamento daquilo que está errado: "Até hoje eu fazia assim. Mas agora que entendi o que sou capaz de fazer para me sentir aceito e amado, não vou usar de manipulações ou artimanhas para isso. Vou ser a pessoa que realmente sou. Vou me mostrar de verdade e receber o afeto mais legítimo."

A vontade de Deus para a nossa vida é que vivamos de maneira intensa e abundante, experimentando relacionamentos agradáveis e profundos. Livre-se de toda hipocrisia e engano. Seja uma *nova pessoa*. Não no sentido de ser quem não é. Mas tenha uma nova atitude, sendo *verdadeiramente VOCÊ*, aceitando-se como é e acolhendo às outras pessoas, como elas são.

- Romanos 12:2: "Não se amoldem ao padrão deste mundo, mas transformem-se pela renovação da sua mente, para que sejam capazes de experimentar e comprovar a boa, agradável e perfeita vontade de Deus."
- 1Pedro 2:1: "Portanto, livrem-se de toda maldade e de todo engano, hipocrisia, inveja e toda espécie de maledicência."
- 2Coríntios 5:17: "Portanto, se alguém está em Cristo, é nova criação. As coisas antigas já passaram; eis que surgiram coisas novas!"

Examine a si mesmo e responda com sinceridade estas perguntas:

- Será que estou usando algum tipo de máscara? Ou estou vivendo um personagem?
- Em que relacionamentos eu uso com mais frequência esses papéis? Na família? Com meu cônjuge? No trabalho? Com amigos?
- O que estou tentando esconder?
- O que pretendo ganhar com isso?

Seja honesto consigo mesmo! Assuma a responsabilidade de alcançar a vida abundante que Deus quer lhe dar. Isso consiste em manter relacionamentos *autênticos e transparentes*. Cada um deve se sentir livre para falar de seus sonhos, desejos, sentimentos, emoções, bem como suas fraquezas, medos e ansiedades.

Você não é obrigado a fazer nada, visando agradar o outro, para ser aceito e sentir-se querido. O amor verdadeiro não exige a modificação da pessoa, a ponto dela se *descaracterizar* completamente. Aquele que ama, recebe, espera e aceita o outro, com suas qualidades e defeitos. Na caminhada da vida, viverão e aprenderão a administrar suas diferenças, cedendo cada um onde é possível, mas sem ter que utilizar disfarces e falsidades.

> *O amor é paciente, o amor é bondoso. Não inveja, não se vangloria, não se orgulha. Não maltrata, não procura seus interesses, não se ira facilmente, não guarda rancor. O amor não se alegra com a injustiça, mas se alegra com a verdade. Tudo sofre, tudo crê, tudo espera, tudo suporta.* (1Coríntios 13:4-7)

Capítulo 4

Limites saudáveis nos relacionamentos

— Eu não aguento mais ver seus cabelos no sabonete quando vou tomar banho! — reclama Claudio.

— E quem disse que são só os meus cabelos que estão naquele boxe do banheiro? — retruca Soraia.

— Lógico que são todos seus! Existe outro ser humano loiro nesta casa?

— E você, que entra para tomar banho sem pedir licença, bem na hora que estou secando meu cabelo? Ainda embaça todo o espelho!

— Quer saber, eu já estou sem paciência com você! Você vive invadindo minha privacidade e eu nunca reclamei. Eu não consigo nem ler um livro em paz! — sai Claudio resmungando, batendo a porta, enquanto Soraia cai no choro.

Essa cena é de um casal que está vivendo uma "crise de limites" típica de recém-casados, em que novas regras, normas e modos de convivência a dois ainda não foram estabelecidos efetivamente. Elas se estruturam velada e sutilmente, ou algumas vezes explicitamente. Isso é comum na fase inicial do casamento. Infelizmente, muitas crises e até divórcios têm suas origens na falta de respeito quanto à liberdade de agir ou pensar do outro cônjuge.

A "crise de limites" não atinge apenas as relações conjugais, mas também o relacionamento entre pais e filhos, professores e seus alunos, colegas de trabalho e em outras esferas sociais. Uma quantidade crescente de indivíduos, em nossos dias, perdeu os parâmetros da alteridade, ou seja, a capacidade de *ver a vida sob o ponto de vista do outro e de se colocar em seu lugar*. Esse tema tem sido motivo de reflexões da sociedade e de governos, motiva pesquisadores e ocupa espaço na mídia.

Nestes últimos anos, com nosso trabalho de aconselhamento de casais e de famílias, temos visto um significativo aumento de distúrbios emocionais ou *patologias da alma*, decorrentes de crises nos relacionamentos. Há pouco tempo, nossas conversas com os casais tinham como temas centrais: *conflitos*, devido a diferenças de temperamentos; *dúvidas*, sobre alguma área da vida conjugal; ou *ressentimentos*, que precisavam ser acertados. Em poucos encontros, conversas objetivas, uma boa base bíblica e oração, rapidamente as pessoas deixavam Deus agir em suas vidas. E pronto! Reconciliação quase sempre atingida; os casos mais difíceis de solucionar eram as exceções.

Atualmente a realidade mudou. Os aconselhamentos para situações mais simples agora são a exceção. A falta de limites entre indivíduos gera uma sociedade mais permissiva, que tem refletido esse padrão dentro dos lares. Como consequência, temos graves disfunções na família.

A psicopedagoga e psicanalista Cybelle Weinberg, no livro *Geração delivery: adolescer no mundo atual*, reforça a ideia de que a falta de limites é algo contemporâneo. As mudanças decorrentes de novas invenções e descobertas com tecnologias poderosas convivendo com uma ciência cada vez mais surpreendente — mudança de sexo, bebês gerados artificialmente, alimentos transgênicos, clones, pessoas interligadas via web —, em um mundo em que tudo é quase possível, contribuem para a existência de indivíduos cada vez mais sem limites. Todas essas transformações se refletem na família. As relações se ampliam, a comunicação se torna mais fácil, há mais informação para se compreender o universo de cada um, diminuindo as barreiras entre as gerações. As famílias que aproveitaram positivamente os benefícios da atualidade ainda estão em menor número.

Todo esse contexto de um mundo cheio de possibilidades e que evolui velozmente contribuiu para que as relações familiares se deteriorassem. Marido e mulher parecem viver em luta, em uma competição de boxe ou UFC. Cada um defende o seu lado, protegendo-se do ataque do outro — e vence o mais esperto e poderoso. Os pais, com dificuldades de impor limites aos filhos, não sabem dizer *não*. Filhos crescem sem que tenham a noção de regras básicas, necessárias para uma vida em sociedade. Pais dão tudo o que os filhos querem, sem deixar que eles sintam a necessidade de *conquistar* o que desejam. Não permitem que enfrentem as reais dificuldades da vida.

Essa avalanche de informações e tecnologias, em um mundo cada vez mais relativizado, trouxe também a inversão de papéis. Os pais, querendo se identificar com os filhos, se tornaram "moderninhos", assumindo uma posição de colega do filho quando, na realidade, deveriam ser *referência* e *orientação* para suas crianças. Em razão da ausência dos pais, seja por negligência emocional ou por causa de um divórcio, os filhos acabam assumindo a responsabilidade de conselheiros ou provedores financeiros.

A inserção da mulher no mercado de trabalho e sua ascensão profissional, em muitos casos, transformaram a sua independência financeira em desrespeito ao parceiro. Os maridos, sem conseguir evoluir emocionalmente com esta nova mulher, ou desistiram da sua hombridade ou foram para outro extremo: se tornaram mais soberanos e controladores. Há ainda casais que permanecem confusos, e por meio de tentativa e erro, procuram se adequar aos novos tempos.

Muitas dessas situações já foram previstas nas Escrituras. O apóstolo Paulo afirmou que nos últimos tempos teríamos grandes dificuldades nos relacionamentos interpessoais devido ao afastamento das pessoas em relação a Deus:

> Nos últimos dias sobrevirão tempos terríveis. Os homens serão egoístas, avarentos, presunçosos, arrogantes, blasfemos, desobedientes aos pais, ingratos, ímpios, sem amor pela família, irreconciliáveis, caluniadores, sem domínio próprio, cruéis, inimigos do bem, traidores, precipitados, soberbos, mais amantes dos prazeres do que amigos de Deus. (2Timóteo 3:1-4)

DEUS E A QUESTÃO DOS LIMITES

Deus, aquele que é o Criador, conhece a natureza humana e seus atributos. Ele colocou os limites para o ser humano e também o alertou sobre as consequências de não cumpri-los. Gênesis revela: "O Senhor Deus ordenou ao homem: 'Coma livremente de qualquer árvore do jardim, mas não coma da árvore do conhecimento do bem e do mal, porque no dia em que dela comer, certamente você morrerá'" (Gênesis 2:16-17). A partir do momento em que o primeiro casal quebrou essa regra, a humanidade perdeu o referencial dos limites e sofre as consequências até hoje.

Temos inúmeros relatos bíblicos de fatos e ensinamentos sobre limites. Destacamos que Deus, quando realizou o chamado de Abraão, deu a ele os limites. Ele deveria sair de sua terra, mas não iria para qualquer lugar, e sim para a terra que Deus lhe mostraria. Ou seja, Deus fez uma promessa, mas deu os rumos, as orientações apropriadas, que deveriam ser seguidas.

Gênesis diz: "Então o SENHOR disse a Abraão: 'Saia da sua terra, do meio dos seus parentes [...] e vá para a terra que eu lhe mostrarei'" (Gênesis 12:1).

Dentre os ensinamentos sobre limites, Tiago nos adverte quanto a nossa palavra. Ela deve ser segura e sem rodeios: "Seja o sim de vocês, sim, e o não, não, para que não caiam em condenação" (Tiago 5:12).

Não é nosso objetivo fazermos um estudo exaustivo sobre o que a Bíblia diz sobre limites. Perceba, entretanto, que se Deus, desde a criação, se preocupou com esse tema, é porque precisamos observar com atenção a maneira como lidamos com os limites em nossa vida.

LIMITES E FRONTEIRAS

Os limites são fáceis de serem notados no *mundo físico*. Caso não observe o sinal para pedestres ao atravessar a rua, você correrá o risco de ser atropelado; ao sentar em uma cadeira que não suporte o seu peso, poderá ir ao chão; e assim por diante. Mas quando se trata do *mundo invisível*, ao avaliarmos os anseios da alma e do espírito, eles são igualmente reais, mas não são fáceis de ser identificados. Caso não sejam obedecidos, esses limites também podem nos trazer dificuldades, como acontece em relação aos limites visíveis.

Podemos definir os *limites* como tudo o que determina, onde começa e termina a minha *responsabilidade* e *liberdade*. Para uma boa convivência, é necessário que cada um conheça seu dever, faça a sua parte e cumpra um mínimo de normas. Só assim se pode usufruir de direitos, desejos e realizações.

O limite também nos dá uma noção de *fronteiras*, que nos lembra à demarcação de territórios. Se existe uma fronteira é porque há uma linha que separa dois continentes ou dois lados. Significa que há algo que pode ser transposto. O problema é saber se essa linha é um convite a passar para o outro lado ou se, ao contrário, é uma ordem para permanecer de um lado só, no seu lado. É o que acontece quando as demarcações não são visíveis e nem respeitadas.

O QUE É MEU E O QUE É DO OUTRO

Viver em grupo implica a necessidade de cada pessoa cumprir sua responsabilidade, mas avaliar qual é essa responsabilidade é a parte mais complicada. O apóstolo Paulo nos mostra princípios que podem auxiliar nosso entendimento. Escrevendo à igreja, que se reunia na Galácia, ele diz:

"Porque cada um levará o seu próprio fardo" (Gálatas 6:5 ARA).

"Levai as cargas uns dos outros" (Gálatas 6:2 ARA).

O livro *Limites no casamento*, de Henry Cloud e John Townsend, exemplifica esses ensinos de uma maneira bem contextualizada. Atualmente não usamos tanto a palavra *fardo* (um embrulho mais ou menos pesado, preparado para transportar); o termo que se encaixaria nesse texto seria *mochila*. Portanto, a frase ficaria assim: "Cada um levará sua própria *mochila*", o que significa que o responsável em cumprir com *seus deveres* e assumir as consequências por não cumpri-los é você mesmo.

Nesse caso, encontramos dois tipos de pessoas: aquelas que têm a tendência de carregar a mochila dos outros e as que sempre deixam o outro carregar a sua mochila. Em nossa vida, temos responsabilidades que são intransferíveis e quando não as cumprimos sofremos as consequências. Seria tão bom se tudo funcionasse assim, cada um cumprindo com seu dever, mas nem sempre isso acontece!

A realidade dos relacionamentos é outra. Existem pessoas que, além de fazer a sua parte, também fazem a do outro e acabam sobrecarregadas. Alguém deixa de cumprir o que lhe é devido e com o passar do tempo o relacionamento se deteriora e entra em crise.

Os pais devem prestar atenção na educação de seus filhos. O ensinamento de Paulo sobre cada um carregar a própria mochila, deve ser aprendido na infância. É muito comum, na porta da escola, quando a mãe vai pegar seu filho no fim das aulas, o garoto diz: "Mãe, leva minha mochila!"

A mãe, prontamente, como um "cabide", leva não só a mochila, mas todos os outros materiais e pertences do filho ou dos filhos. Essa pequena criatura já está aprendendo que não precisa se responsabilizar pela sua mochila, pois tem alguém para carregá-la. É claro que a mãe deve cuidar para que a mochila da criança tenha um peso compatível com o que ela possa suportar. Mas seria muito bom se essa mãe dissesse ao filho: "Leve você a sua mochila, porque já estou carregando a minha bolsa. Cada um carrega as suas coisas."

Que ensinamento valioso já estaria sendo interiorizado nessa criança, importante até para a vida adulta e sua convivência na sociedade. Segundo Davis Madeleine e David Wallbridge escreveram na introdução à obra de Winnicott, o pediatra e psicanalista inglês argumentava que "a criança, à medida que vai crescendo, desenvolve um sistema interno de limite e espaço, que são necessários para dar significado e controle à sua autoestima e espontaneidade".

Mas para o adulto, ajuda uma autoanálise, respondendo a perguntas capazes de avaliar sua situação, como: "Você tem a tendência de carregar a mochila dos outros? Você deixa que os outros carreguem sua mochila?"

A segunda parte da mensagem de Paulo, "levai as cargas uns dos outros" (Gálatas 6:2 ARA), diz respeito a alguns momentos difíceis em nossa vida, em que sentimos que sozinhos não suportaremos. Seja por uma dor, um sofrimento, uma perda ou uma situação complicada demais para enfrentar. Nessas horas precisamos compartilhar nossas angústias. Os momentos de crise são as nossas *cargas*, as nossas *rochas pesadas*, que, sozinhos, não temos forças para carregar. Há necessidade de termos pessoas com as quais possamos dividir o peso. Alguém que nos dê um bom conselho, ore, exorte, dê um suporte ou que apenas nos abrace e console. Enfim, que esteja ao nosso lado para que possamos carregar com mais tranquilidade a nossa carga quando ela estiver pesada demais em razão de alguma circunstância da vida. Isso nos leva a finalizar esta seção com uma última pergunta para a sua autoanálise: Há pessoas com as quais você divide o peso das *cargas* em sua vida?

AUSÊNCIA DE LIMITES E SUAS CONSEQUÊNCIAS

O conceito de limites coopera para trazer coesão aos relacionamentos, bem como à pessoa em si. A falta ou o excesso e as dificuldades de se lidar com ele trazem consequências inevitáveis, como distúrbios de ordem psicológica (por exemplo, culpa, vergonha, mágoas, compulsões, depressão, fobias, doenças psicossomáticas); dificuldades nos relacionamentos conjugais e familiares; e relacionamentos difíceis nos âmbitos social e profissional.

Outro resultado da falta de limites tem a ver com a *identidade* de cada um, pois são os limites que definem:

- Quem somos
- Quem é o outro
- O que é seu
- O que é do outro

Ao não conseguir perceber essa divisória entre *você e o outro*, não há consolidação da *identidade*, ou seja, crenças, valores, desejos, expectativas, características pessoais, sentimentos, enfim de tudo o que determina quem você é e o que é seu. Também não há desenvolvimento da sua *individuação*, conceito criado pelo psicólogo suíço Carl Gustav Jung, ao propor que cada pessoa é um ser único, singular, incomparável e inteiro. Nesse sentido, a dificuldade de se lidar com os limites faz a pessoa se tornar dependente *do outro*, em vários aspectos, como: seguir em frente com sua vida, fazer suas escolhas, tomar suas decisões, atrelar seus anseios e sonhos ao seu parceiro etc. Enfim, deixa-se de viver a própria vida e vive algo que não é seu. Essa condição pode deixá-lo doente na alma ou até mesmo no corpo.

Muitos não conseguem identificar se estão sabendo lidar de maneira adequada com seus limites. A seguir vamos examinar algumas características, daqueles que não conseguem impor limites para si e para os outros. Estes itens foram catalogados em nossa pesquisa bibliográfica e também a partir de nossa experiência nos aconselhamentos:

- Apresenta baixa autoestima; implica consigo mesmo; se culpa; rejeita elogios; mantém-se na defensiva; sente-se vítima; teme erros, fracassos e rejeição.
- É ansioso e intolerante; vigia as pessoas.
- É controlador ou então o oposto: muito submisso.
- Fecha-se ou abre-se demais ao que lhe pode trazer felicidade.
- Equipara o amor à dor ou ao sofrimento.
- Sua comunicação acontece por meio de coerção, ameaça, acusações e manipulações.
- Não consegue dizer sim ou não quando necessário.
- Não consegue expressar seus sentimentos, desejos e pensamentos de maneira franca.
- Faz coisas que prometeu jamais fazer.
- Deixa que os outros o magoem e também magoa os outros sem perceber.
- Reprime sua raiva ou vai para o outro extremo, faz coisas más para se vingar, agindo de modo hostil.
- Confia demais nas pessoas, até naquelas não tão confiáveis.
- Perde facilmente a fé e a confiança em Deus.

Em casos mais graves, há pessoas que entram em depressão, isolam-se, perdem o controle da estrutura da vida diária e da sua rotina. Elas negligenciam suas responsabilidades, começam a se afastar dos relacionamentos ao qual se sentem aprisionados (namoro, casamento, família etc.). Viciam-se em remédios, jogos, internet, sexo, álcool e drogas. Examine a lista anterior e verifique sua condição. Não existe uma quantidade certa de características que defina se você está ou não sabendo lidar com os limites em sua vida, mas é importante que você identifique como está a qualidade dos seus relacionamentos. Perceba como você se sente em relação a eles. Se você estiver em um ambiente favorável, de aceitação e respeito, esses sintomas serão amenizados. Caso contrário, eles aparecerão com força.

Deus nos deu o privilégio de podermos pensar, sentir e agir. Isso nos faz bem e nos traz paz. Se nos respeitarmos e também aos outros, poderemos dar e receber amor. O que todos desejamos e buscamos é obter uma atmosfera agradável à nossa volta para cultivarmos relacionamentos saudáveis. Caso não seja essa a sua realidade, se o ambiente em que você vive ou o seu relacionamento não lhe traz, na maior parte do tempo, alegria, paz e bons momentos, está na hora de começar a mudar esta situação.

AS LEIS DOS LIMITES

A ciência mostra que o nosso mundo é repleto de leis naturais da física e da matemática. Temos também as leis no campo jurídico e os princípios das Escrituras Sagradas que norteiam nossa vida. Acontece a mesma coisa com os limites: existem algumas leis que estão em ação, mesmo que não as percebamos. Ao caminharmos à noite pela rua, as estrelas não caem sobre nossa cabeça porque existem leis da natureza que fazem com que elas permaneçam no céu. Assim também o é em nossos relacionamentos: para que eles funcionem de maneira satisfatória, precisamos de alguns princípios. Portanto, é necessário termos algumas estratégias práticas para estruturá-los. Tomamos como base o trabalho de Cloud e Towsend, escritores da série de livros "Limites", que apresentaram as "leis dos limites". Algumas delas serão mencionadas aqui, contando também com adaptações e acréscimos feitos por meio de nossas experiências em aconselhamentos.

Lei nº 1: A lei do semear e colher

> O que o homem semear, isso também colherá.
> (Gálatas 6:7)

Muitas vezes alguém se descontrola e não sofre as consequências por esse comportamento. Quando protegemos alguém em seu procedimento errado, o livramos das consequências naturais dos seus atos, permitindo que continue a se comportar irresponsavelmente. Dar cobertura a uma pessoa que age assim poupa-a de sentir qualquer tipo de dor ou desgosto e assumir a responsabilidade pelos atos irresponsáveis. Irresponsabilidades crescentes só trarão consequências mais danosas do que as que foram plantadas. Todas as nossas ações têm consequências. Ao tratarmos o outro com responsabilidade e amor, a troca será positiva. Quando alguém não cumpre com o seu dever, o outro vai ficar sobrecarregado. Surgem então as mágoas e os ressentimentos que perturbam o bom andamento do relacionamento.

Responda com sinceridade: você tem acobertado alguém que tem sido irresponsável, não deixando que sofra as consequências dos próprios atos? Você se recorda de alguma vez em que se descontrolou e acabou sofrendo as consequências pelo seu comportamento errado? Veja alguns exemplos de atitudes que afetam toda a família e que podem gerar consequências desagradáveis por falta de limites:

- Ataques de fúria, raiva, egoísmo e ciúmes.
- Acessos de mau humor.
- Manipulações envolvendo choro, vitimizações, culpa, coerção, perda da liberdade, imposição de regras demasiadamente rígidas, pressão psicológica, negligência.
- Descontrole financeiro.

Lembre-se sempre de que aquele que gerou o problema deve enfrentar as consequências do que fez, pois *a dor traz o amadurecimento*.

Lei nº 2: a lei da responsabilidade

> Porque cada um levará o seu próprio fardo.
> (Gálatas 6:5 ARA)

Todo relacionamento traz algumas responsabilidades que podem variar dependendo da cultura e educação recebidas, mas existem casos em que é necessário estabelecer princípios claramente, desde o começo do vínculo. Assim, a cobrança sobre os limites pré-estabelecidos será algo natural e de comum acordo.

O objetivo na convivência deve ser buscar o bem-estar e o respeito pelos sentimentos do outro. Porém, no casamento, quando uma das partes não demonstra um mínimo de responsabilidade sobre seu cônjuge, a razão pode ser algo grave. Essa pessoa pode não assumir sua vida de casada e viver ainda como solteira.

Os problemas surgem quando os limites e a responsabilidade se confundem. Não se pode sentir o que a outra pessoa sente e nem pensar por ela. Não dá para agir em seu lugar — cada um deve fazê-lo por si mesmo. Ninguém pode responder pela vida de outra pessoa. Ser responsável inclui impor limites para o comportamento destrutivo do outro e conhecer os próprios limites.

As perguntas a seguir foram elaboradas como um teste para que você possa identificar se é uma pessoa que consegue colocar limites ou é condescendente:

- Você acha que consegue saber o que a outra pessoa está sentindo? Inclusive suas necessidades e desejos, mesmo que ela não peça sua opinião?
- Você acredita que de vez em quando consegue convencer o outro de como ele deve pensar ou se sentir? Faz isso com o objetivo de zelar pelo bem-estar dessa pessoa?

- Você às vezes consegue enxergar facilmente como resolver o problema do outro e chega até agir em seu lugar, caso ele não tome iniciativa? Consegue se lembrar de alguma circunstância em que isso ocorreu?
- Você tem deixado outra pessoa pensar por você, agir e fazer algo que você gostaria de fazer ou que seria de sua responsabilidade? Em que circunstâncias?

Caso você tenha respondido sim a duas ou mais questões acima, é necessário reavaliar suas atitudes. Verifique se não tem assumido mais responsabilidades do que deveria, ou então se tem deixado de assumir suas responsabilidades. Comece agora mesmo a mudar sua maneira de agir e encarar as pessoas, pois cada um deverá ser responsável por si mesmo.

Lei nº 3: a lei do poder

Só posso mudar a mim mesmo.

Existe uma ferramenta incrível nas mãos de cada ser humano: o poder de mudar a si mesmo! Muitas pessoas chegam até nós pedindo ajuda e conselhos para mudar o seu cônjuge. Consideram que *se ele* mudasse de atitude, *se ele* agisse de outro modo, *se ele* pensasse diferente, *se ele* se convertesse... Enfim, é sempre *o outro* que precisa mudar. Alguns são um pouco mais humildes e até reconhecem que também precisam agir diferente em algum aspecto. Mas, desde a época de Adão, que disse: "Não, Senhor, foi a mulher que tu me deste...", é inerente ao ser humano deixar a culpa do problema *com o outro* e tentar mudar ou *moldar* o outro. É muito mais confortável e menos trabalhoso.

Entenda esta verdade: podemos *influenciar* o outro, mas não podemos *mudá-lo*. Só podemos mudar a nós mesmos. Em Gálatas 5:23, uma das características do fruto do Espírito que recebemos ao entregar nossa vida a Cristo é o domínio próprio. Ou seja, somos exortados primeiro a cuidar do nosso autocontrole. Mudar nossas características, como impaciência, intolerância ou compulsividade, é o mais difícil. Isso nos ajuda a compreender as falhas e as dificuldades que o outro também possui para enfrentar suas fraquezas.

Você tem o poder de mudar muita coisa, seja um mau hábito que está causando problema no seu relacionamento, seja melhorar sua comunicação a respeito do comportamento errado do outro e até mesmo tomar a iniciativa para que haja a transformação em uma circunstância conflituosa.

Só o fato de você parar de esperar o outro mudar e tomar uma posição sobre determinado assunto que perturba seu relacionamento já é um começo. Raramente os problemas são causados por uma só pessoa. Os dois lados têm sua parcela de contribuição. Jesus nos dá uma boa dica para iniciar a mudança em Mateus 7:1-5: "tire primeiro a viga do seu olho", ou seja, comece cuidando de você, para depois criticar o problema do outro.

O que chamamos de *efeito dominó* acontece quando colocamos aquela imensa fileira de pedras em pé e um simples toque na primeira peça faz com que todas elas caiam. Isso também acontece quando mudamos nossa atitude em relação ao comportamento destrutivo do outro. Não há como ficar inerte diante da situação que se repete constantemente. Se mudar a sua atitude, o outro também terá de reagir.

Talvez você questione: "Há muito tempo que eu ajo de uma maneira e meu marido não muda!" "Já cansei de falar com minha mulher e é sempre a mesma coisa!" Você já deve ter ouvido esta expressão alguma vez em sua vida: "Insanidade é fazer sempre a mesma coisa e esperar resultados diferentes." Ou seja, se você deseja que algo mude na sua convivência com o outro é preciso quebrar esse ciclo e inovar para ter resultados diferentes. Em outras palavras, se quiser que o outro mude, mude primeiro você. Se toda vez que o outro lhe causa algum transtorno você só reclama, sem tomar nenhuma atitude, sem alterar sua conduta, o outro ficará acostumado com esse padrão e persistirá em seu comportamento irritante. Surpreenda-o! Pense em algo diferente para que ele possa perceber o quanto isso o irrita e entristece.

Ao impor limites, seu cônjuge estranhará e vai querer revidar. Portanto, seja responsável sem ser rude ou magoar o outro. Você deve agir de maneira afetuosa, inteligente e sábia. O outro tentará resistir porque ninguém gosta de ouvir um não. É positivo também que você se coloque no lugar daquele que recebe um não. Assim como você não gosta de ser contrariado, seu cônjuge provavelmente também não gostará. Colocar-se no lugar das pessoas é a melhor maneira de saber se estamos indo além do que elas podem suportar.

Verdade e *amor* são princípios que devem caminhar juntos. Amar o outro significa respeitar a sua liberdade de escolha. É necessário conter o desejo de querer fazer com que seu cônjuge pense, aja e tenha os mesmos critérios que você. Ter a humildade de reconhecer e apreciar os valores, os sentimentos, as peculiaridades e a maneira do outro agir é o que nos torna pessoas nobres e sábias.

Se você deseja que os outros o respeitem, é preciso aceitar e apreciar a liberdade e os limites deles também. Só assim abrimos caminhos para que tenhamos os nossos limites respeitados.
Reflita sobre essas questões:

- Você tem pensado nas atitudes e reações do outro ao receber informações sobre a imposição dos seus limites?
- Está ciente de que poderá enfrentar resistências devido a sua atitude?
- Você tem respeitado os sentimentos e a maneira de ser e agir do outro? Tem comunicado claramente o que você gostaria que o outro observasse?
- Como você tem feito todas essas ações? Com amor e verdade? Ou sendo passivo e dando desculpas?

Gaste sua energia e seu tempo para mudar a si mesmo e você terá um relacionamento com mais respeito e liberdade. Não temos o poder de mudar as pessoas, mas podemos influenciá-las. O Criador, como um Ser Soberano, pode mudar a tudo e a todos, mas quando nos referimos às capacidades dos seres humanos, ninguém muda ninguém. Mudamos a nós mesmos e influenciamos aos outros, esse é o princípio da terceira lei dos limites.

LEI Nº 4: A LEI DA MOTIVAÇÃO

É preciso agir sem imposição.

O que evidencia se um relacionamento é maduro e vai bem é o fato de as pessoas poderem agir e se expressar sem imposição. O amor traz liberdade; cada um pode se sentir livre para ser quem verdadeiramente é. Não precisa ser diferente para que o outro possa amá-lo; isso não é amor, é escravidão. Os limites ajudam a reconhecer onde começa e termina *a minha* liberdade e *a minha* responsabilidade. Assim saberei também identificar e respeitar os parâmetros do outro.

Um bom teste para saber se você está em um relacionamento com liberdade e não com imposição é avaliar como está a sua motivação. Se você faz algo para o outro e sua motivação não é amor, gratidão, afeto, e isso não lhe traz alegria a maior parte do tempo, há algo de errado nesta convivência.

O problema está em viver "a maior parte do tempo" contrariado e sem querer estar ali. Isso implica dizer que é normal quando você não tem vontade de fazer certas coisas em alguns momentos, mas acaba cedendo por amar seu cônjuge. Às vezes, não é nada fácil para um marido ir ao shopping com a esposa e ficar horas caminhando, entrando e saindo de loja em loja. Mas ele faz esse sacrifício por ela quando não há outra opção. A mesma coisa acontece com a esposa, que senta ao lado do marido para assistir a uma partida de futebol quando ela não se interessa por isso. O importante é ser livre para dizer não ou para dizer sim sem estar sob pressão. Se fazemos sacrifícios é por entender que em um relacionamento de amor há uma troca, uma cumplicidade, em que cada parceiro cede um pouco aqui e o outro ali. Uma motivação positiva consiste em você poder optar de modo pessoal e com liberdade, dizer sim ou não com sinceridade. Você não deve fazê-lo como se estivesse cumprindo uma obrigação, por medo, culpa, raiva, necessidade de agradar o outro ou qualquer argumento que não seja por amor, afeto, alegria ou gratidão.

O fato de ter de fazer algo já acaba com o querer e interfere na motivação, que não é mais espontânea, e sim influenciada por sentimentos negativos, como chantagem emocional, ameaça, medo etc. Quando Jessica, nossa filha, era pequena, gostava de tomar seu leite com chocolate antes de dormir. E toda noite ela, já com seu pijama, pedia para a Magali:

— Mãe, faz meu chocolate?

E lá ia Magali fazer o leite da Jessica. Os anos foram passando e a rotina continuava. Até que, um belo dia, quando Jessica tinha os seus oito anos, Magali pensou: "Acho que uma garota de oito anos já sabe fazer seu copo de leite sozinha. Não precisa mais que eu o prepare." O problema era a motivação dela, que fazia o leite da filha com culpa, principalmente quando tinha passado quase o dia todo fora de casa. Magali decidiu que, a partir daquele dia, se a filha quisesse seu leite, teria de fazê-lo. E comunicou:

— Minha filha, hoje eu não poderei fazer o seu leite porque estou ocupada fazendo algo muito importante. Faça você mesma.

— Ah, mãe, eu não acredito! Justo hoje que eu estou com tanto sono. Não precisa mais preparar meu leite. Não quero mais — resmungou a filha.

— Então vai ficar sem o seu leite. E digo mais: a partir de hoje, quando quiser, você é quem vai fazê-lo. Afinal, uma garota com quase nove anos, que está na terceira série, já é capaz de fazer o próprio leite. Você não acha?

— É claro que eu sei fazer! Quem não sabe fazer um copo de leite com chocolate? Pode deixar que eu faço. — e pôs-se a preparar a bebida.

Jessica continuou a fazer seu leite com chocolate, é claro que não todas as noites como antes... Mas havia alguns dias que o coração materno sentia uma vontade de estar mais próximo da filha. Então, espontaneamente, Magali preparava duas xícaras de leite com chocolate e dizia:

— Filha, você já terminou seu dever de casa? Quer tomar um chocolate comigo?

— Ah, mãe, quero sim! Você fez para mim?

— Sim, para nós! Então, como foi o seu dia? Quais são as novidades?

Sem pressão, sem culpa, mas com boa motivação e com os limites definidos, mãe e filha desfrutavam de momentos agradáveis.

Se na maior parte das vezes sua motivação não tem sido positiva ao realizar algo para alguém que você ama, procure superar isso. Examine seus sentimentos e tente comunicá-los. É preciso fazer sua parte. O problema não é tentar mudar e não dar certo, mas deixar de tentar mudar. Quando não se faz o teste da motivação, não se produz resultado algum. Recuar por passividade é intolerável.

Sugerimos aqui um exercício para o exame de sua motivação por meio do questionário a seguir:

1. Qual tem sido sua motivação ao dizer sim? A maior parte do tempo tem sido por uma ação voluntária ou como uma carga pesada?

   ____
   ____
   ____
   ____

2. Sua motivação é apenas o medo de não magoar o outro? De perder a pessoa amada? De ficar sozinho(a)? De não querer que o outro se zangue? Por culpa ou por buscar a aprovação do outro?

3. O que você pode fazer para mudar isso?

Nossa verdadeira motivação deve ser a alegria, a solidariedade, o amor, o afeto, a gratidão ou outro aspecto positivo que nos impulsione a fazer algo. Isso é o que caracteriza um relacionamento equilibrado, em que os limites são respeitados e há prazer em se estar junto.

Lei nº 5: a lei da exposição

É preciso comunicar seus limites.

O relacionamento entre duas pessoas que se amam, desde os primeiros níveis de compromisso, implica certo tipo de pacto secreto. Nas interações do dia a dia, cada um vai mostrando do que gosta, seu jeito de ser, e de uma maneira implícita ou explícita, surgem as normas e regras de convivência. Porém, existem desejos, necessidades e expectativas que são subjetivas e veladas. Às vezes, não conseguimos comunicá-las adequadamente e ultrapassamos os limites. Invadimos o outro ou nos sentimos invadidos. Surgem os conflitos e as tensões na relação, pois não nos comunicamos corretamente. Deixamos apenas implícito, mas cobramos explicitamente.

Ter certeza sobre os próprios limites e deixá-los em evidência para todas as pessoas com as quais você se relaciona é um sinal de respeito com sua vida e com a dos outros. É necessário encontrar uma maneira equilibrada de fazer isso. É melhor dizer um sincero não, do que ser passivo e usar o silêncio. Ficar ressentido, em vez de expressar seus sentimentos, mágoas e críticas, muitas vezes deixa você ferido. Ao comunicar adequadamente sobre quanto o comportamento alheio o afeta, você estará ajudando a alma dele e adquirindo mais intimidade com o outro.

Por exemplo, quando seu cônjuge está sempre de mau humor em casa, com uma fisionomia rancorosa, provavelmente ele está agindo da mesma maneira no trabalho. Se você sinalizar corretamente a sua percepção sobre isso, ele terá a possibilidade de mudar de atitude, melhorando seu jeito de se comunicar tanto com familiares, quanto com seus colegas de trabalho.

A comunicação deve ser contínua. Somos pessoas em constante transformação, pois aprendemos novas coisas todos os dias. Nossos sentimentos, desejos e expectativas mudam. Assim, é necessário reprogramar, corrigir regras, normas e limites, de acordo com o momento em que estamos vivendo no relacionamento. É preciso dispor-se a conversar sobre as próprias ideias e as do outro; sobre si mesmo e sobre a relação a dois.

Em um relacionamento coeso e estável, a informação caminha de forma *bilateral*, como em uma rua de mão dupla, uma que vai e outra que vem. Há uma troca. Um fala, outro escuta, oferece sua opinião; depois negociam e chegam a um acordo. Simples assim, como nos ensina Tiago: "Sejam todos prontos para ouvir, tardios para falar e tardios para irar-se" (Tiago 1:19).

Avalie como você tem comunicado seus limites:

1) Acontece de maneira clara e eficiente?

( ) Sim ( ) Não

2) Você minimiza, altera ou nega o que sente?

( ) Sim ( ) Não

3) Faz exigências sem pensar muito bem em suas palavras, chegando a ferir o outro?

( ) Sim ( ) Não

4) Em que áreas você precisa ser mais objetivo quanto aos seus limites:

( ) seu corpo; ( ) seu espaço físico;

( ) seus sentimentos; ( ) suas expectativas;

( ) suas necessidades; ( ) suas responsabilidades;

( ) seu descanso; ( ) seu lazer.

Não espere que o outro tome a iniciativa. Se um dos parceiros é mais ativo e falante, o mais passivo e calado ficará em desvantagem. Se um dos membros do relacionamento não se comunica bem, todo o funcionamento do casamento é alterado. A luta para uma boa comunicação, na verdade, é uma parceria. Todos são corresponsáveis pela construção de um relacionamento mais aberto, com mais leveza e vínculos menos conflituosos.

O QUE NÃO É "LIMITE"

Definitivamente, limite não é vingar uma ofensa com outra maior, nem trazer à tona o que ficou para trás. Nem é o momento de exigir do outro, de uma só vez, o que por tantos anos você não expressou. Colocar limite é ter alteridade, isto é, capacidade de se colocar no lugar do outro. É considerar as limitações humanas. É muito provável que, quando o outro agiu de modo que magoou você, não o fez pensando em prejudicá-lo. Mas, se o feriu, ele merece uma oportunidade de reparar o erro.

Limite não é para o outro. É para você. Quando pensamos em impor limites, logo vem em nosso pensamento: *Vou exigir que faça isso ou aquilo!* Na verdade, as regras e normas que você impõe são para você mesmo. O comportamento e a maneira de agir diante de uma situação que você considera desagradável, quem muda é você. Exemplo:

Antes do limite: "Pare de gritar comigo. Você precisa ser mais amável!"

Depois do limite: "Você pode continuar a gritar se quiser. Mas eu decido não ficar na sua presença, enquanto você agir assim. Depois que se calmar estarei pronto para conversar sobre esse assunto."

Limite não é frustrar os desejos do outro. É dizer não aos atos destrutivos do seu comportamento. Todos nós temos desejos e vontades. Alguns deles coincidem com os desejos do parceiro, outros se opõem. Ao colocar limites, precisamos fazê-lo com o cuidado de não frustrar ou boicotar o outro cônjuge. Nesses momentos, precisamos ter empatia, compreensão e entender a importância do que a outra pessoa quer. A vontade alheia é tão legítima e justa quanto a sua. O apóstolo Paulo nos dá um bom conselho a esse respeito: "Nada façam por ambição egoísta ou por vaidade, mas humildemente considerem os outros superiores a si mesmos. Cada um cuide, não somente dos seus interesses, mas também dos interesses dos outros" (Filipenses 2:3-4).

Lidar com os limites em nossa vida é um desafio. Se quisermos que respeitem os nossos limites, devemos primeiro respeitar os dos outros. Inicialmente não é fácil. Uma pessoa condescendente terá de tomar iniciativa e agir de uma maneira firme em seus princípios. Se for mais intransigente, terá que ceder ao pedido de alguém. Isso leva um tempo, pois é um processo. Os benefícios e ganhos com a aplicação de limites saudáveis no relacionamento serão multiplicados, se cada um fizer a sua parte. A liberdade e o amadurecimento obtidos com a prática das leis dos limites fortalecerão vigorosamente a convivência. Vale a pena tentar!

Capítulo 5

Aprenda a se defender dos ataques verbais

Muitas vezes basta uma palavra atravessada dita sem pensar ou uma brincadeira desagradável para deflagrar um comportamento agressivo e destrutivo de ambas as partes. Isso pode acontecer no trânsito, no balcão de uma loja, no ambiente de trabalho, na sala de aula, em casa entre os cônjuges, irmãos, pais e filhos ou outros familiares. Até mesmo nos relacionamentos mais estáveis, há momentos em que alguém perde a cabeça, fala o que não deve, explode, xinga, faz críticas duras e sai do seu estado normal. Na verdade, essas situações deveriam ser exceções contornadas rapidamente. No decorrer deste livro, fornecemos várias dicas para que as brigas sejam minimizadas, mas veja esta orientação que Jesus dá aos seus discípulos em Lucas: "Tomem cuidado: 'Se o seu irmão pecar, repreenda-o e, se ele se arrepender, perdoe-lhe'" (Lucas 17:3). Dessa maneira, os discípulos de Cristo são conclamados a promover a paz, fazendo "todo o possível para viver em paz com todos" (Romanos 12:18).

Às vezes, enfrentar um ataque verbal dói tanto ou até mais que uma agressão física. As pessoas mais extrovertidas colocam sua indignação para fora com mais facilidade. Contra-atacam e deixam que o outro perceba logo que não gostaram do que foi falado. Por outro lado, os que são mais introvertidos, tímidos ou passivos, não conseguem responder e engolem sua raiva. Internalizar ou revidar, nenhuma dessas reações é saudável. No livro de Provérbios encontramos vários conselhos para não reagir às agressões e evitar contendas. Quem consegue lidar com ataques verbais é considerado sensato e sábio.

> É uma honra dar fim a contendas, mas todos os insensatos envolvem-se nelas. (Provérbios 20:3)

> O tolo dá vazão à sua ira, mas o sábio domina-se.
> (Provérbios 29:11)

COMO TUDO ACONTECE

Ao ouvirmos ofensa, grosseria, ironia, ou piada de mau gosto a nosso respeito, é comum ficarmos irritados. Dependendo da situação, isso pode até estragar o nosso dia. Quando nos defrontamos com uma situação assim, somos submetidos a uma pressão. Ficamos agitados e dificilmente temos reações muito calmas e sensatas. A obrigação de responder o mais rápido possível nos bloqueia.

Essa situação gera estresse. Então, ocorre um processo fisiológico em nosso corpo. O cérebro entra em estado de alerta, neurotransmissores químicos desencadeiam um impulso de luta ou fuga. Nossa musculatura enrijece para que estejamos preparados para enfrentar o perigo ou correr dele. Ao mesmo tempo, as demais funções corporais se reduzem ao mínimo, inclusive nossos reflexos, bem como nossa capacidade de pensar e criar novas saídas; dá aquele "branco". Nos segundos em que estamos bloqueados, acontecem as tais ações impensadas, carregadas de sentimentos, que são verdadeiras "bombas verbais". Mais tarde, quando os ânimos se acalmam, sobrevêm o arrependimento, o mal-estar e as dificuldades de comunicação no relacionamento.

AUTODEFESA SEM VIOLÊNCIA

A boa notícia é que podemos lidar com esse estresse e controlar as emoções de maneira muito simples: aplicando o que a Bíblia chama de "tardios para irar-se" (Tiago 1:19), um modo de neutralizar o ataque do agressor e restabelecer a paz.

Algumas técnicas aqui apresentadas são adaptadas das sugestões da pedagoga e escritora alemã Barbara Berckhan, que em seu livro, *Como se defender de ataques verbais*, fornece dicas para serem aplicadas quando você é afetado pelo mau humor ou pela irritação alheia.

1. O escudo protetor imaginário

Na Carta aos Efésios, Paulo nos diz que devemos vestir a armadura de Deus, para resistir ao dia mau: "Por isso, vistam toda a armadura de Deus, para que possam resistir no dia mau e permanecer inabaláveis, depois de terem feito tudo" (Efésios 6:13). E nos versículos 10, 11 e 12 nos revela que essa armadura também nos ajuda a combater as ciladas do diabo, pois nossa luta tem sua parcela espiritual. Assim como precisamos nos revestir da armadura de Deus para enfrentarmos o mundo espiritual, é importante ter um "escudo protetor" imaginário para enfrentarmos os ataques que sofremos na carne. É como uma defesa antichoque para nos ajudar com a pressão fisiológica natural, que acontece quando ouvimos palavras estressantes.

Precisamos esfriar a cabeça para responder com sensatez, como nos revela Provérbios 13:16 na Nova Tradução na Linguagem de Hoje: "O homem sensato sempre pensa antes de agir, mas o tolo anuncia a sua ignorância." Você já ouviu o velho ditado "Conte até dez antes de responder"? Isso mesmo, mas agora é científico. Pesquisas da Neurociência Cognitiva — que estuda os mecanismos do cérebro e a produção da linguagem, inclusive sua organização neural e estimulação magnética — indicam que quando somos expostos à pressão, temos um sobressalto que corta a respiração. Trata-se de um ato involuntário: o cérebro precisa de oxigênio para agir e deixar o pensamento fluir. Portanto, o primeiro passo é encher os seus pulmões de ar. Inspirar e expirar fundo, a fim de obter oxigênio suficiente para o cérebro. Esse é o caminho mais curto para lidar com um comportamento estressante: *alterar o ritmo da respiração*. Com isso, automaticamente você modificará a postura física, haverá lugar para novos pensamentos e, consequentemente, novas atitudes e comportamentos serão liberados de maneira rica e inteligente.

Ao ficar sob pressão e perceber que precisa respirar fundo, você evita, assim, fazer alguma tolice; use esse tempo para se posicionar atrás de um escudo imaginário. Você já viu na tevê a imagem daqueles policiais com escudo, que num jogo de futebol protegem a entrada e a saída dos juízes da partida? Quando a torcida está revoltada com uma decisão do árbitro contra seu time, os soldados protegem os juízes utilizando aqueles escudos. Qualquer objeto que seja jogado contra eles baterá no escudo e cairá no chão. Da mesma maneira, quando formos atingidos com palavras e manifestações iradas ou mal-intencionadas, podemos respirar fundo e desfrutar desse escudo imaginário transparente — você vê os agressores, mas suas palavras não atingirão seu objetivo: desestabilizar você.

2. Responder com gestos pacificadores

A provocação, se não for interrompida, promove discussões. Você pode comunicar o que está sentindo por meio de seu tom de voz, suas ações, sua expressão facial, seus gestos e sua linguagem corporal. O impacto de um gesto pode ajudar a distrair e desconcentrar o agressor e o afastará da intenção instintiva de continuar a provocá-lo. Você, por sua vez, ao responder ao ataque usando um gesto pacificador, terá tempo de lidar com sua indignação, respirar fundo, cuidando para não aumentar o seu tom de voz e não responder com a mesma intensidade que ele. Com isso, não dá vitória ao agressor, nem suscitará a sua ira. "A resposta calma desvia a fúria, mas a palavra ríspida desperta a ira" (Provérbios 15:1).

Berckhan sugere gestos como: acenar amavelmente com a cabeça, observar com ar de curiosidade, pegar papel e caneta, agindo como quem está anotando o comentário que a pessoa está fazendo etc. São ações que dão condições de você se acalmar sem revidar e que desviam a atenção do agressor.

3. Mudar de assunto ou trocar o tema da conversa

Parte dos comentários que as pessoas nos dirigem e acabam por nos magoar são observações imprudentes, equivocadas e às vezes sem más intenções. É possível se desviar desse tipo de ataque, sem muito esforço ou gasto de energia. Simplesmente mude de assunto. Trate de outra coisa que não tenha a ver com aquela observação.

Você surpreenderá o ofensor e distrairá sua atenção até que venham à sua mente os recursos necessários para uma resposta mais branda e inteligente. Assim, você não permitirá que continue com o processo natural, que é o da agressão verbal, e o controle da conversa estará com você. Pode-se recorrer a um assunto que esteja sendo comentado na mídia ou que você esteja pensando nos últimos tempos. Se possível que tenha alguma relação com o que foi falado. Esse recurso denomina-se *estratégia de ligação*, e é usado para substituir o elemento do problema por outro assunto com certa relação entre si.

Você pode estar pensando: "Essa estratégia não é tão simples assim. No mínimo, meu cônjuge vai pensar que estou enlouquecendo, falando coisas desconexas." Para que você possa ter um melhor entendimento, utilizaremos alguns exemplos práticos de ataques e suas respectivas respostas, os quais, obviamente, podem (e devem) ser adaptados para o seu dia a dia.

Exemplo 1:

- Ataque: "Mas que erro grosseiro! Por que você não usa a cabeça para fazer as contas?"
- Reposta: "Por falar em contas, lembrei que tenho de pagar a conta de luz, senão vão desligá-la."

Exemplo 2:

- Ataque: "Você está horrível! Não tem vergonha de sair assim na rua?"
- Resposta: "Ah, falando em rua, ouvi hoje no rádio que irão tapar os buracos das ruas aqui do bairro."

Exemplo 3:

- Ataque: "O que está acontecendo com você? Parece que anda com a cabeça nas nuvens."
- Reposta: "Sabe, estive olhando as nuvens lá fora e acho que vai chover... Você trouxe guarda-chuva?"

4. *Comentário de uma ou duas sílabas*

Há pessoas que diante de um confronto ficam inertes e mudas, não conseguem nem respirar. Em determinadas situações, bastam algumas poucas "sílabas" para desconcentrar o opositor e retomar a ideia do que está acontecendo, sem dar uma resposta ofensiva. Com poucas palavras, você desmonta um comentário infeliz e mostra que não quer discutir. Cuidado! Você deve prestar atenção para não ser irônico. As expressões que podem ser usadas são: "É mesmo?"; "Que coisa..."; "Que pena!"; "Verdade?"; "Sei, sei..."; "Não diga!"; "Hã, hã"; "Você acha?"; entre outras.

Exemplo 1:

- Ataque: "Você está fazendo um papel ridículo."
- Resposta: "Compreendo."

Exemplo 2:

- Ataque: "Parece que você comprou seu vestido em um brechó!"
- Resposta: "Que interessante!"

Exemplo 3:

- Ataque: "Nossa o que você fez com o seu cabelo? Passou um xampu de laranja? Está só o bagaço."
- Resposta: "É mesmo?"

5. Provérbios e citações

Não entrar em uma discussão e manter o controle são desafios. O agressor sempre tem em mente um objetivo, mesmo que não perceba isso. O ataque precisa ter um efeito sobre sua vítima. Normalmente, ele se sente satisfeito porque sua presa vai reagir de modo previsível: fugir ou atacar; ficar muda ou esbravejar. Surpreenda-o; não caia na conversa dele, não seja óbvio. Ele ficará desconcertado e frustrado em suas expectativas. Não saberá o que fazer. Essa é uma ferramenta, para que você e o interlocutor tenham tempo suficiente para "acalmar os ânimos".

Trata-se de uma técnica de comunicação: quando ouvimos alguma coisa, nosso cérebro vai buscar o significado, o sentido do que ouvimos. Nossa mente procura automaticamente o sentido das palavras para entender o enunciado. Portanto, quando alguém atacar você e em seguida você responder, por exemplo, com um provérbio, ele vai buscar sentido para aquilo.

O agressor não vai entender nada, porque ele espera aquela reação mais previsível ou algo mais coerente. Enquanto o cérebro dele se movimenta para entender o que foi dito, você se acalma e usa a imaginação para dar uma resposta criativa, porque ele provavelmente perguntará: "O que você quis dizer com isso? Não entendi nada." Você pode dizer assim: "Esquece, não se preocupe! Foi só uma frase que eu lembrei." Ou então responda com outro ditado: "Eu quis dizer que 'nem tudo que reluz é ouro!'" Nesse momento, o melhor a fazer é pedir licença, sair de cena ou mudar de assunto. O importante é neutralizar o agressor e manter a calma do ambiente. Assim você mostra que não está a fim de brigar.

Exemplo 1:

- Ataque: "O que está acontecendo com você? A comida está horrível! Aliás, você deveria aprender a cozinhar com a minha mãe!"
- Resposta: "Como dizia minha avó: 'Mais vale um pássaro na mão do que dois voando.'"

- Ataque: "Espera aí, não entendi nada do que você disse! Você só complica as coisas!"
- Resposta: "Não se preocupe. Deus ajuda quem cedo madruga."

Exemplo 2:

- Ataque: "Você fala demais! Parece que só está querendo aparecer!"
- Resposta: "Já dizia o meu professor de português: 'À noite todos os gatos são pardos.'"

Outros exemplos de ditados:

- Água mole em pedra dura, tanto bate até que fura.
- É melhor prevenir do que remediar.

- Uma andorinha só não faz verão.
- Os últimos serão os primeiros.
- Gato escaldado tem medo de água fria.

6. Questionar o significado da palavra

Algumas vezes ouvimos críticas ofensivas e pouco construtivas. Quem faz um comentário atacando outra pessoa, em muitos casos, está fazendo uma projeção, falando sobre algo que não gosta *em si mesmo*. Nessa hora, o agressor fala sem pensar e faz comentários espontâneos, sem o menor escrúpulo. Uma possibilidade de lidar com essa situação é usando uma réplica: questionando o significado da palavra ou expressão.

Na Grécia Antiga, o filósofo Sócrates utilizava esse recurso — "a arte de perguntar" — com seus discípulos, a fim de persuadi-los a gerar mudanças em seus pensamentos. Um padrão utilizado pelo filósofo para estabelecer sintonia com o ouvinte era o de *aceitar definições e conceitos*, não indo contra as crenças do interlocutor. Isso era feito com pelo menos os seguintes itens:

- Repetir, em parte, o que o interlocutor dizia.
- Demonstrar o desejo e a importância de conhecer a opinião de quem fala com você.
- Procurar saber o que a outra pessoa queria dizer exatamente com o termo que utilizava.
- Demonstrar que entendeu o ponto de vista do interlocutor.

Quando você ouvir algo que soe como uma crítica, questione. Dê uma oportunidade para que o outro possa explicar o que está querendo dizer. Não se defenda, simplesmente aja como se não entendesse o que ele disse. Assim, enquanto o agressor responde a sua pergunta, você ganha tempo para colocar suas emoções no lugar e refletir sobre como agir. Caso contrário, você poderia responder à crítica com outra ofensa e dar início a um conflito.

Exemplo 1:

- Ataque: "Nossa, foi muito ridículo isso que você fez."
- Resposta: "Você pode me explicar melhor o que significa para você 'muito ridículo'?"

Exemplo 2:

- Ataque: "Seu aproveitamento está abaixo de zero."
- Resposta: "Ajude a melhorar o meu desempenho: o que significa para você a expressão 'abaixo de zero'?"

Exemplo 3:

- Ataque: "Você parece uma criança agindo assim."
- Resposta: "Defina para mim este conceito: 'parece uma criança'."

7. Ceder e insistir

Em certas ocasiões nos deparamos (ou convivemos) com pessoas de temperamento muito colérico. São os chamados "pavios curtos". Essas pessoas, em determinados momentos de uma conversa ou situação, não conseguem discutir pontos de vista diferentes. Então, o que fazer? Há uma técnica, sugerida por Berckhan, que se baseia em lutas orientais: derrotar o adversário mediante a conciliação. O ataque não é correspondido, mas acolhido. Assim, o agressor perde o equilíbrio e cai. Em um ataque verbal é possível agir da mesma maneira. Em vez de responder na mesma intensidade, permanece-se calmo e, de início, concorda-se com a fala do agressor. Para isso, são utilizadas duas frases: a primeira serve para confirmar o ponto de vista do agressor; a segunda, para defender seu ponto de vista. Você cede em parte e se mantém firme na defesa de sua ideia.

Exemplo 1:

- Ataque: "Não sei por que você demora tanto para resolver um problema tão simples! Use o cérebro como as pessoas normais, diga sim e pronto!"

- Resposta 1: "Concordo com você. Às vezes eu demoro para tomar minhas decisões. Mas considero que para esse assunto é necessário um pouco mais de tempo para decidir. Hoje à noite eu lhe darei uma resposta."
- Resposta 2: "Eu sei que você gostaria da minha posição agora, mas eu preciso de um tempo maior para refletir sobre isso."
- Resposta 3: "Se eu estivesse no seu lugar, talvez agiria da mesma maneira, mas compreenda que preciso pensar melhor sobre esse assunto."
- Resposta 4: "Compreendo o que está dizendo; até a noite terei um tempo para pensar melhor e decidir sobre o assunto."
- Resposta 5: "Entendo a sua postura, mas preciso de mais um tempo para pensar."

Essa estratégia abre a possibilidade do oponente perceber que existem outras maneiras de resolver a questão e não apenas a dele. A partir do momento que você acena que aceita *em parte* a opinião dele, haverá menos resistência para que ele ouça a sua.

Lembre-se: essa é só uma tentativa de conciliação. Há pessoas tão cabeças-duras que, mesmo usando esses argumentos, não se chega a um acordo. Mas pelo menos você tentou e de quebra conseguiu expressar a sua opinião também.

8. Defina as regras do jogo

Há assuntos para os quais há necessidade de se chegar a uma conclusão e ter uma posição definida, como questões sobre educação dos filhos, finanças da casa, uma viagem, compra de um bem. Porém, a pessoa com quem você vai falar tem dificuldade de manter uma conversa equilibrada, sem se exaltar. Quando isso acontece, é necessário esclarecer e fornecer as regras de como será o procedimento da conversa. Agindo assim, poderemos evitar conflitos e amenizar discussões mais acaloradas. É preciso estabelecer um contato visual e ser cordial, sem se fazer de vítima. Se você se sentir inseguro internamente, não demonstre. Não se encolha, mantenha-se ereto e fale exatamente o que quer. Use frases curtas, simples e objetivas. Exemplo de frases que podem ser usadas:

- "Vamos fazer assim: você vai expor seu ponto de vista e eu vou ouvir; sem interromper. Depois eu vou falar e você vai ouvir; sem me interromper."
- "Não vamos nos desviar do tema da conversa. Deixe-me concluir, depois você irá falar."
- "Gostaria de discutir esse ponto com mais tranquilidade. Por favor, peço que você se acalme e depois conversaremos."
- "Por favor, sejamos objetivos. Podemos chegar a um acordo?"
- "É a segunda vez que você me interrompe. Quero terminar de expor meu ponto de vista e depois ouvir o seu. Podemos fazer dessa maneira?"
- "Vamos manter o foco da conversa no problema, sem atacar um ao outro. Comentários pessoais não ajudam a resolver a questão."

EXAMINE-SE A SI MESMO

Quando o relacionamento chegou ao nível das agressões verbais — ou pior, físicas e psicológicas — é sinal de que algo não vai bem. Se esse é o caso, essas dicas serão apenas paliativas para conter uma ira momentânea e será necessário buscar a causa do problema para uma resolução definitiva. Perceba que você não pode corrigir *no outro* o que está errado *em você*. O primeiro passo é um *exame de consciência*. Essa autoavaliação é uma atitude semelhante à sugerida por Paulo àqueles que querem participar da ceia do Senhor: "Examine-se o homem a si mesmo" (1Coríntios 11:28).

Para ajudá-lo na tarefa de autoavaliação, sugerimos alguns questionamentos relevantes a serem observados. Tratam-se simplesmente de perguntas que você pode fazer a si mesmo, seja em silêncio ou em frente a um espelho:

- Eu dei motivo suficiente para receber esse tipo de tratamento que estou sofrendo?
- Eu tenho respondido em tom hostil?
- Usei de ironia ou sarcasmo?
- Disparo "indiretas" em vez de tratar claramente do assunto?
- Tento impor meu ponto de vista a qualquer custo?
- Utilizo o silêncio como arma para castigar o outro?

Algumas vezes, só de deixar a mente livre um pouco, fora da discussão, já enxergamos nossos erros. Mas nem sempre é tão fácil assim. Apontar o problema do outro é bem mais simples. Você pode contar com o próprio Deus para ajudá-lo a perceber as suas dificuldades. Lembre-se da oração que Davi: "Sonda-me, SENHOR, e prova-me, examina o meu coração e a minha mente" (Salmo 26:2).

Ter o conhecimento dessas dicas ajuda muito, mas não resolve o problema. É preciso sabedoria para aplicá-las na hora certa e do jeito certo. Cuidar da sua parte no conflito já é metade da solução. Você precisa de uma dose extraforte de sabedoria para lidar com as pessoas à sua volta? Peça-a ao Senhor "que a todos dá livremente, de boa vontade; e lhe será concedida" (Tiago 1:5).

Capítulo 6

Proteja-se das armadilhas do dia a dia

Fomos preletores em um encontro de casais promovido por uma igreja, em um hotel de uma bela cidade turística. Um dos casais presentes nos chamou a atenção de forma especial: eles iriam completar 55 anos de casados e pareciam muito felizes por estarem naquele evento. Aparentavam mais de oitenta anos, mas mostravam uma boa saúde e espelhavam isso também no seu relacionamento conjugal. Perguntamos a eles, enquanto jantávamos juntos:

— Estão gostando das palestras?

— Sim! Especialmente aquela sobre como melhorar a relação sexual! — respondeu a senhora toda animada. O marido entrou na conversa dizendo:

— Essa palestra foi muito esclarecedora. Pena que não tivemos essas orientações antes, não é minha querida?

— Ora, meu velho, não seja por isso! A gente dá um jeitinho... Existem diferentes maneiras de se amar. Você acabou de ouvir isso na palestra!

Todos nós caímos na risada e ainda perguntamos:

— Qual é o segredo de vocês para estarem há tanto tempo juntos e ainda conservarem esse brilho no olhar, essa felicidade?

— Algo que sempre gostamos de fazer, desde que começamos a namorar, é conversar! — respondeu a esposa. — Por isso vivemos os bons e maus momentos, mas sempre enfrentando tudo com muito diálogo!

O marido, olhando carinhosamente para o rosto de sua esposa, marcado com as linhas de expressão que o tempo fez, embora refletindo a felicidade de um bom casamento, continuou:

— Temos muitas histórias para contar, momentos felizes, engraçados, apaixonados. Outros de lutas, desafios e tristezas, mas sempre houve respeito, amor e carinho. Sempre cuidamos para não abrir brechas em nosso relacionamento e não cair em ciladas que abalassem nosso casamento.

Alcançar um casamento saudável e de longa duração não é uma meta fácil de ser atingida. Porém, se observarmos certos princípios de relacionamento, torna-se um alvo com boas possibilidades de sucesso. A esmagadora maioria das pessoas se casa pensando em construir um lar feliz e equilibrado, servindo como bons exemplos para os filhos que vierem a ter. A realidade, no entanto, é que infelizmente muitos casamentos fracassam porque os cônjuges caem em algumas *armadilhas* do dia a dia que poderiam ser evitadas seguindo alguns princípios que apresentaremos a seguir.

ONDE ESTÃO ESSAS ARMADILHAS?

Podemos identificar essas ciladas em situações comuns em nossa vida, em áreas essenciais ao casamento. São o que podemos chamar de "sabotadores de uniões", como naqueles filmes de ação, quando vemos um espião colocando uma bomba-relógio amarrada ao pilar de uma ponte para destruí-la. No entanto, quais serão essas áreas vitais do matrimônio que devem ser protegidas a qualquer custo?

O psicólogo John Gottman relata em seu livro, *Sete princípios para o casamento dar certo*, como durante 16 anos conduziu uma das pesquisas mais inovadoras sobre casamento e divórcio, utilizando-se da estrutura da Universidade de Washington. Nessa pesquisa, casais voluntários eram selecionados para passarem um fim de semana em uma "casa monitorada" (como no programa de tevê *Big Brother Brasil*). Todas as reações e conversas foram filmadas e os cônjuges tinham até monitoramento de pressão e temperatura do corpo. Durante esse período, mais de setecentos casais foram avaliados e a conclusão de Gottman foi de que a *amizade* é o fator comum aos casamentos que deram certo e não terminaram em divórcio. Esses dados comprovaram cientificamente a importância da amizade dentro do casamento.

Cruzei (Sergio) os dados do livro de Gottman com outras pesquisas sobre casamentos saudáveis e de longa duração para um trabalho de conclusão de curso na pós-graduação em aconselhamento que realizei. Encontrei mais quatro pesquisas citadas na revista *Estudos de psicologia* (Fennel, em 1987; Lauer, Kerr, em 1990; Sharlin, em 2000; Brasil, em 2004). O cruzamento das qualidades mencionadas nessas avaliações revelou áreas comuns encontradas nas uniões felizes e duráveis. São elas:

- Amizade
- Respeito
- Boa comunicação
- Chamas do romance
- Prazer em estar junto
- Valores comuns
- Boa resolução de conflitos

Assim, vamos esmiuçar cada uma dessas áreas vitais do casamento. Esse estudo será complementado por uma análise das passagens bíblicas que tratam diretamente do assunto; pela identificação das armadilhas que mais comumente conduzem a uma situação problemática; e, por fim, algumas sugestões de como encontrar a atitude certa a se tomar dada uma situação.

AMIZADE

As cinco pesquisas que mencionei anteriormente trouxeram outras palavras que integram o conceito de *amizade*, como: *conhecimento íntimo*, *segurança* e *confiança*. Casais que acabaram de se conhecer, ao se sentirem atraídos um pelo outro, dão o próximo passo em seu compromisso justamente por perceberem no outro traços de amizade que poderão crescer cada vez mais. O aprofundamento dessa área parece ser uma das principais razões para se decidir "casar ou não" com determinada pessoa. Após o casamento, no entanto, alguns cônjuges sofrem de um relaxamento gradativo quanto à amizade e isso pode dar origem ou acentuar problemas. A base para um casamento saudável, segundo Gottman, é a amizade em lugar da briga constante. O autor afirma que:

> Os casamentos felizes se baseiam numa profunda amizade. Isso significa respeito mútuo e prazer na companhia um do outro. Esses casais, em geral, se conhecem intimamente — são versados em mútuas preferências, aversões, peculiaridades pessoais, esperanças e sonhos. Tem permanente consideração um pelo outro e expressam afeição não apenas de forma notória, mas de forma sutil, nas pequenas coisas do dia a dia. [...] A amizade alimenta as chamas do romance porque oferece a melhor proteção contra a sensação de serem adversários um do outro (Gottman, 2000, p. 31-32).

O que a Bíblia diz sobre o assunto

As Escrituras estão repletas de exemplos sobre boas amizades, como Abraão, que foi chamado de *amigo de Deus*: "'Abraão creu em Deus, e isso lhe foi creditado como justiça', e ele foi chamado amigo de Deus" (Tiago 2:23). O rei Davi foi companheiro de armas e grande amigo de Jônatas: "E Jônatas fez Davi reafirmar seu juramento, por causa de sua amizade por ele, pois ele havia se tornado seu amigo leal" (1Samuel 20:17). Os irmãos Marta, Maria e Lázaro, amigos de Jesus: "Jesus amava Marta, a irmã dela e Lázaro. [...] Depois de dizer isso, prosseguiu dizendo-lhes: 'Nosso amigo Lázaro adormeceu, mas vou até lá para acordá-lo'" (João 11:5,11) entre tantos outros exemplos.

O livro de Provérbios, em boa parte escrito pelo rei Salomão, um dos maiores sábios de todos os tempos, tem versos maravilhosos como: "O amigo ama em todos os momentos; é um irmão na adversidade" (Provérbios 17:17). Os verdadeiros amigos que temos conhecem nossos bons e maus momentos. Podem discordar de algumas atitudes que tomamos, mas tentam nos alertar sobre o erro. Esse amigo tem um valor todo especial quando é o próprio cônjuge. São especiais, pois decidiram construir uma vida em sociedade conosco, com base em um amor forte e verdadeiro. Algumas pessoas, por serem inseguras, desvalorizam os conselhos dos "amigos cônjuges", fechando seus ouvidos àqueles que mais os conhecem.

> O homem que tem muitos amigos sai perdendo; mas há amigo mais chegado do que um irmão. (Provérbios 18:24 ARA)

A *quantidade* de amigos não garante a *qualidade* da amizade. Boa parte dos "amigos" que está ao nosso lado o faz apenas enquanto tudo vai bem. Veja o exemplo do filho pródigo em Lucas 15. Enquanto o rapaz tinha o dinheiro de sua herança para gastar nas farras estava cercado de amigos. Bastou acabar sua fortuna, para todos desaparecerem: ninguém lhe dava nem trabalho, nem comida. O pródigo teve de fazer um serviço humilhante (cuidar de porcos) e chegou até a passar fome.

Aquele "amigo mais chegado que um irmão" anda em falta nos dias de hoje. Esses são poucos, mas maravilhosamente necessários: sabem mais sobre nós que um irmão de sangue. É uma benção muito grande quando o próprio cônjuge é um amigo desse tipo, o melhor amigo.

> Como o ferro com o ferro se afia, assim, o homem, ao seu amigo. (Provérbios 27:17 ARA)

Essa imagem é muito boa! Para afiar um instrumento de ferro se usa outro ferro. Já naquela época, raspavam um no outro, saíam faíscas, esquentavam, mas o produto era bom: tornavam o instrumento mais afiado ou cortante. Amigos "mais chegados" são assim: muitas vezes "raspam" até saírem faíscas. Discutem, tem divergências e ficam com os ânimos exaltados, mas, quando a situação volta ao normal e as ideias se tornam mais claras, encontram o caminho do bom senso.

> Leais são as feridas feitas pelo que ama, porém os beijos de quem odeia são enganosos. (Provérbios 27:6 ARA)

Verdadeiros amigos não tratam apenas sobre o que "queremos" ouvir ou o que nos é mais agradável. Tratam do que "precisamos" escutar para mudar caminhos errados. Nem sempre são exortações fáceis de serem assimiladas, mas quem realmente nos ama deseja o nosso melhor e nunca o nosso desastre. Sofremos de uma cegueira momentânea para certas coisas que acontecem ao nosso redor; o verdadeiro amigo olha como quem está de fora do problema e procura naturalmente nos alertar sobre o perigo para que voltemos à sensatez.

Algumas armadilhas comuns

1ª armadilha: esfriamento da amizade

Aquele casal que desde o começo do namoro não se desgrudava, amava sair junto, visitar lugares e amigos, agora, depois de alguns anos de casamento, começa a ser "engolido" pela falta de tempo. A vida profissional dos dois começa a apresentar mais exigências e os momentos juntos ficaram cada vez mais raros.

Existe acomodação diante desse problema e, como consequência dessa inversão de prioridades, os colegas de trabalho são supervalorizados, e logo se transformam em grandes amigos, os quais, nem sempre, são confiáveis e verdadeiros.

Essas pessoas só percebem o mal que estão realizando depois de muitas lágrimas derramadas pelo cônjuge ou após a instável situação do casal afetar diretamente o comportamento dos filhos na escola ou até resultar em um comportamento destrutivo por parte dos filhos adolescentes. O distanciamento é gradativo, mas se não for interrompido trará efeitos maléficos no lar.

2ª armadilha: indiferença

Esta armadilha é uma das consequências do esfriamento da amizade do casal. Aquele afastamento se ampliou, as conversas se tornaram mais raras. Diante de tantos casamentos destruídos em razão desta armadilha, podemos concluir que o contrário do amor não é o ódio, mas a *indiferença*. Perceba que enquanto há uma reação explosiva, o cônjuge mostra que está sendo afetado pela atitude do outro; então, ainda pode existir algum amor dentro desse ódio todo. Mas quando a palavra de ordem é "tanto faz" se o outro age desta ou daquela maneira, aí a situação é grave. A falta de reação, de indignação, de motivação para lutar por um futuro melhor, pode indicar que esta armadilha já os capturou.

3ª armadilha: não ter no seu cônjuge o melhor amigo

Acompanhe a sequência de destruição: após deixar de ter tempo para o cônjuge, valorizam-se outras coisas ou pessoas, muito mais do que a sua amizade; passa-se a ficar cada vez mais indiferente em seu relacionamento; cria-se então uma lacuna que leva à procura de outro que a ocupe. O caminho está aberto para um grande perigo: a infidelidade conjugal.

Veja bem, podemos ter bons amigos ou amigas que não sejam nossos cônjuges. Isso é saudável. Mas quem deve ocupar o lugar mais alto de sua amizade é seu marido ou sua esposa. Faça dessa pessoa seu maior confidente e parceiro dos bons e maus momentos.

4ª armadilha: revelação de segredos

Muitas vezes o casal conversa e fala coisas em sua intimidade. Ou até mesmo faz comentários sobre determinado assunto que só eles mesmos entendem. Talvez sejam comentários ingênuos e até cômicos, mas que devem ficar restritos à vida do casal. Quando esses assuntos são externados a outras pessoas, podem ocorrer reações das mais diversas. Por exemplo, uma situação cômica no contexto de marido e mulher pode ser considerada uma ofensa por qualquer outra pessoa. Assim, revelar segredos do casal pode levar a uma quebra de confiança que tende a enfraquecer ou até destruir essa amizade.

5ª armadilha: mentira

Existem pessoas que não sabem viver sem mentir. Iniciaram a prática na infância, mentindo para encobrir travessuras, e não pararam mais pelo resto da vida, aplicando o mesmo método para não assumir irresponsabilidades ou fugir das responsabilidades. Então a mentira é levada ao casamento e a convivência diária torna fácil descobrir pequenas mentiras do cônjuge. Não é possível existir amizade profunda se ela está baseada em mentiras. A intimidade só é possível com o fundamento da verdade. Existem pessoas que mentem tanto que passam a acreditar nessas mentiras e, então, vivem de acordo com elas. Tornam-se "mentirosos ambulantes".

Esse assunto é tão importante que Jesus, chamado de "a verdade" (João 14:6), afirmou que o diabo é o *pai da mentira*: "Quando mente, fala a sua própria língua, pois é mentiroso e pai da mentira" (João 8:44). Não tenha dúvida de que a mentira é algo diabólico.

Então, o que fazer?

Reaja. Você não pode se acomodar e ficar satisfeito com um conhecimento superficial sobre o seu cônjuge. Tome uma atitude de querer *ser* e também *ter* no outro o seu melhor amigo.

Ao perceber que as prioridades estão sendo invertidas em relação à sua família, converse e aja rapidamente para equilibrar sua agenda. O emprego é a fonte de renda, mas não é o único valor a ser considerado. São muitos os diretores de grandes companhias que alegam ter sucesso no trabalho e fracasso em seus lares. É esse o modelo que você quer para você? Reserve um tempo e converse com seu cônjuge sobre como estão as prioridades da família. Se for preciso, façam as mudanças necessárias. Se estiver tudo em ordem, continuem firmes para permanecerem nos seus propósitos de cultivar a amizade. Um bom vínculo de intimidade só se faz com convivência.

Abra-se. Há pessoas que têm bloqueios para falar de si; mostram facilidade para conversar sobre qualquer assunto, mas não conseguem expor seus problemas ou desejos. Mas é necessário trabalhar esses aspectos no relacionamento. O cônjuge que tem mais facilidade de se expressar deve ajudar o outro que é mais tímido; todavia, sem muitas cobranças, mas colaborando, deixando-o mais à vontade. Respeite a personalidade do seu cônjuge, mas incentive-o a opinar nos assuntos que estão em pauta. Valorize o que ele diz e assim, aos poucos, ele vai relaxar e desenvolver confiança para contar coisas íntimas e particulares.

Construa pontes. Vocês vivem diariamente em mundos diferentes, com realidades e desafios particulares. Conte seus sonhos e ouça os projetos e interesses do seu cônjuge. Relembre coisas positivas do passado que ajudarão a planejar um futuro melhor. Uma boa dica é fazerem alguma atividade juntos como um esporte, mobiliar a casa, desenvolver um ministério na igreja ou ser voluntário em alguma organização social. Isso contribui para aumentar o nível de amizade entre vocês.

Seja transparente. A maior necessidade de um casal que deseja aprofundar sua amizade é manter a transparência na relação. O objetivo é conhecer tanto o cônjuge, a ponto de "interpretar" sua expressão corporal, suas mínimas reações: quando ele franze a testa quer dizer isto; quando ela faz aquele movimento com os dedos quer dizer aquilo.

Ser transparente também implica em responder abertamente às perguntas quando questionado, impedindo que paire uma ideia falsa ou incompleta a respeito de um assunto. Veja se a pessoa entendeu seus argumentos, para não haver dúvidas futuras. A transparência também traz mais intimidade ao relacionamento.

RESPEITO

Você pode conhecê-lo por consideração ou compromisso, mas uniões que pretendem ter algum futuro devem começar com respeito mútuo acentuado. É assim desde a fase da "conquista" ou do namoro. Pessoas que são tratadas com ofensas passam a promovê-las também.

O namoro é o tempo das descobertas. O casal avaliará se deve ou não aceitar viver com o outro pelo resto da vida. Se não houver respeito logo no início do namoro, muito provavelmente continuará assim durante o casamento.

Há casamentos que começam com um profundo respeito, mas que depois de um tempo começam a apresentar problemas. Os ventos e as tempestades da vida diária se aproximam, e a intranquilidade em razão dos problemas faz o casal "baixar o nível" na comunicação, tratando um ao outro de maneira ingrata e desrespeitosa.

O que a Bíblia diz sobre o assunto

O conceito da palavra *respeito* nas Escrituras Sagradas traz consigo alguns sinônimos como *honra* e *dignidade*. Tem relação com uma atitude que começa com cada um (no sentido de sermos *honrados e cumpridores de nossas obrigações*) e estende-se aos progenitores: "Honra teu pai e tua mãe" (Êxodo 20:12). Mas é um princípio válido em relação às autoridades, àqueles que nos ensinam, bem como a qualquer ser humano: "Tratem a todos com o devido respeito: amem os irmãos, temam a Deus e honrem o rei" (1Pedro 2:17).

Assim, a atitude de *respeito* é muito mais ampla do que apenas no contexto da vida conjugal, como nos revelam os exemplos bíblicos a seguir.

> Maridos, sejam sábios no convívio com suas mulheres e tratem-nas com *honra* [em algumas traduções: *respeito*, *dignidade*], como parte mais frágil e co-herdeiras do dom da graça da vida, de forma que não sejam interrompidas as suas orações (1Pedro 3:7, ênfase e comentários nossos).

Alguns maridos deveriam ler esse texto com mais cuidado, pois tratam suas esposas de maneira completamente reprovável e desumana: gritam, xingam, insultam, zombam, ameaçam, batem, torturam etc. Através do apóstolo Pedro, Deus está dizendo que se não houver respeito, honra e dignidade no trato com as esposas, esses maridos terão suas orações "interrompidas" diante do Senhor. Já pensou? Seria mais ou menos a situação de um "marido desrespeitoso", que, após destratar sua mulher como faz habitualmente, entra no quarto e diz: "Senhor, protege-me por onde eu andar no dia de hoje, nesta cidade tão perigosa. Se não for pedir muito, eu preciso da sua ajuda para fechar um grande negócio no escritório." Sabe o que acontece? O mesmo que acontece quando você tenta completar uma ligação em seu celular de um lugar onde não há cobertura da sua operadora: ligação interrompida. Devido aos maus tratos à sua companheira, o Criador do universo não poderá atender às suas ligações.

O mesmo é válido para as mulheres: "Portanto, cada um de vocês também ame a sua mulher como a si mesmo, e a mulher trate o marido com todo o *respeito*" (Efésios 5:33, ênfase nossa). O *respeito* tem de ser um valor cultivado pelo casal. Não há dúvidas de que é muito mais comum encontrarmos homens desrespeitando mulheres que o contrário. Mas não podemos negar que existem mulheres que não são nada fáceis de se conviver: tratam seus maridos com muito pouca sabedoria, humilhando-os na frente de outras pessoas. Pouco se importam com os comentários que façam sobre suas atitudes. A falta de respeito é como uma bomba-relógio marcada para explodir na vida desses casais.

Algumas armadilhas comuns

1ª armadilha: sarcasmo

Sarcasmo é aquela "brincadeira" que na verdade é um ataque verbal ou não de menosprezo. Como diria um comediante da televisão: "Foi sem querer, querendo!" O sarcástico desfere verdadeiras "facadas", e quando sua vítima, o cônjuge, se ofende, responde: "Ei, você não aguenta nem uma brincadeira! Não tem senso de humor?" O sarcástico usa a ironia ou a zombaria de uma maneira provocativa e cruel. Trata-se de um escárnio para afrontar ou ofender a outra pessoa.

Há muita diferença entre uma brincadeira na intimidade do casal e o sarcasmo. A brincadeira é um humor leve, divertido e apropriado, que visa à descontração. Ao contrário, o sarcasmo destrói e arrasa. Caso você não saiba discernir uma coisa da outra, é melhor não "brincar".

2ª armadilha: humilhações

Trata-se de momentos em que a comunicação do casal já está péssima e as desavenças não estão sendo tratadas em alto nível. Há uma explosão emocional por quase tudo que acontece, sem se preocupar se existem outras pessoas ao redor. A tendência natural, desse modo, é a humilhação mútua, com o objetivo de rebaixar o cônjuge na frente dos outros ou em particular.

Os motivos para humilhar o outro são os mais diversos: diferenças culturais, sociais, capacidades intelectuais, financeiras, culinárias; a maneira de criar filhos; relacionamento difícil com família; desempenho sexual etc. Enfim, qualquer coisa pode ser usada como munição para atirar humilhações contra o cônjuge com o objetivo de oprimir, abater, vexar, menosprezar e complicar o outro, se possível com plateia cheia. Essas ações destroem o respeito rapidamente.

3ª armadilha: xingamentos

É impressionante como os mesmos pais que vivem dizendo aos filhos para não falarem palavrões, agora estão usando esse tipo de ofensa contra eles mesmos — e as crianças são a plateia. Esse ato incoerente vai afetar o comportamento de seus filhos não apenas na infância, mas trará efeitos na vida adulta de que é normal repetir o padrão de seus pais.

O baixo nível do tratamento é consequência de reagirmos mal a pequenas discordâncias ou provocações. O fato de sermos ofendidos pelos outros em um momento de explosão emocional não nos dá o direito de responder na mesma moeda. Reagir desse modo iniciará uma guerra sem fim. É preciso quebrar esse padrão. O nível das ofensas se aprofunda como um abismo cada vez mais escuro.

Somos seres inteligentes e racionais, por isso devemos encontrar outros meios e palavras que possam expressar nossas mágoas ou discordâncias sem ofender, humilhar ou ridicularizar quem pensa diferente de nós. Esse é o caminho para uma conversa inteligente. Talvez seja mais difícil trilhá-lo quando se é criança ou adolescente, mas os adultos têm a obrigação de andar por ele, a fim de que seus herdeiros se tornem seres humanos melhores.

Alguns dirão: "Para agir dessa maneira, é preciso estar calmo. No momento da discussão, não consigo me acalmar." É verdade que a prática e a repetição aperfeiçoarão essa atitude. Mas se você "raramente" consegue se acalmar em uma discussão, talvez seja a hora de procurar a ajuda de um médico, pois existem alguns transtornos emocionais que têm raízes químicas no cérebro. A não ser que haja um milagre de Deus, só o auxílio profissional resolverá o problema.

Então, o que fazer?

Boas recordações. Traga à memória o que a pessoa fez um dia que chamou sua atenção e a destacou dentre todas as outras, por quem você poderia ter se apaixonado. Relembre momentos em que seu cônjuge ajudou você ou aos seus, sem pensar no prejuízo que ele mesmo teria ao fazer isso. Quando estamos irritados, nos esquecemos dessa parte positiva da vida que trilhamos juntos e pela qual seremos eternamente devedores.

Reconhecimento. Faça *elogios* frequentes, como: "O jantar estava ótimo!" ou "Esse texto que você escreveu ficou maravilhoso!" Use *afirmações* que exaltem pontos positivos, como: "Você faz isto muito bem!" ou "Gosto muito quando você age assim!" Dê motivos para ser lembrado por seus *incentivos* ao outro, como: "Vai dar tudo certo!" ou "Pode contar comigo, estou com você!"

Ser atento. São muitas as reclamações de cônjuges que afirmam que o outro é desatento ou que está apenas com o "corpo presente, mas a mente distante" quando conversam. Honre ao outro com sua atenção. *Pare* um momento, e ouça o que é falado. Caso esteja apressado ou fazendo coisas que também são necessárias, diga que compreende a importância do assunto, mas que, por estar ocupado no momento, é melhor vocês conversarem mais tarde. Agindo assim você demonstrará interesse em ouvir, valorizará o assunto, mas sinalizará que o momento não é apropriado para a conversa.

Expresse-se. Não esconda seus sentimentos, mas fale com sabedoria e mansidão sobre os limites de respeito que estão sendo ultrapassados. Muitas vezes é hora de dizer: "Eu não trato você assim e não gostaria que você continuasse a me tratar desse modo." Não adianta ficar guardando mágoa, pois com o tempo isso resultará em uma explosão de ira.

Igualmente, ao perceber seu cônjuge se desvalorizando, alerte-o. Muitas vezes a própria pessoa está se desrespeitando e se subvalorizando. Se o nosso cônjuge não está percebendo isso, precisamos ajudá-lo. Ele pode estar entrando em depressão e nem notar. Deus nos deu muito valor e responsabilidades como seres humanos. Se o próprio Criador nos valoriza, ninguém pode nos desvalorizar, nem mesmo nós.

BOA COMUNICAÇÃO

A terceira área vital que deve ser protegida para que tenhamos casamentos felizes e de longa duração, revelada pelas cinco pesquisas, é a *boa comunicação*. Uma ampliação desse conceito seria: *voltar-se para o outro, aceitar suas opiniões*, indicando que entre vocês o *diálogo* está aberto. Racionalmente, aceitamos que essa é uma qualidade essencial a qualquer casamento. Grandes filósofos e intelectuais exaltam as virtudes do diálogo franco. Colocar em prática uma boa comunicação é uma dificuldade enorme em muitos momentos do relacionamento.

As principais bases para essa virtude são "saber ouvir" e também "saber falar" apropriadamente. Muitos problemas na comunicação ocorrem devido a um não ter ouvido corretamente o que o outro disse. Como consequência, fazem-se conclusões erradas sobre o que discutiam. Outras vezes, as dificuldades acontecem porque uma pessoa não soube se expressar adequadamente e foi mal-interpretada por isso.

Aqueles que não se acomodam com a falta de comunicação e decidem enfrentá-la conseguem ter ganhos fantásticos, identificando suas dificuldades e aprendendo a minimizá-las. Com a boa comunicação, o desgaste pessoal fica menor, a amizade do casal se fortalece e o entendimento familiar é beneficiado, pois os filhos aprendem o modelo mostrado por seus pais e tendem a repeti-lo.

O que a Bíblia diz sobre o assunto

Nas Escrituras encontramos orientações sobre a comunicação, todavia vamos priorizar o que diz o livro de Provérbios. Ele nos mostra orientações exatamente sobre o "saber ouvir" e o "saber falar". Vejamos alguns exemplos sobre "saber ouvir":

> Ouça conselhos e aceite instruções, e acabará sendo sábio. (Provérbios 19:20)

> Os planos fracassam por falta de conselho, mas são bem-sucedidos quando há muitos conselheiros. (Provérbios 15:22)

O rei Salomão, escreveu essa passagem que vincula "ser sábio" a "ouvir conselhos e aceitar instruções". Não apenas de poucos conselheiros, quando a chance de fracasso é maior, mas de muitos. Outra versão, a Revista e Atualizada, afirma que "na multidão de conselheiros há sabedoria". Assim, pessoas que não estão dispostas a ouvir e a aprender, terão muitas chances de errar na vida.

Sobre os benefícios do "saber falar", vemos, também em:

> O falar amável é árvore de vida, mas o falar enganoso esmaga o espírito. (Provérbios 15:4)

> O coração do sábio ensina a sua boca, e os seus lábios promovem a instrução. As palavras agradáveis são como um favo de mel, são doces para a alma e trazem cura para os ossos. (Provérbios 16:23-24)

> O coração ansioso deprime o homem, mas uma palavra bondosa o anima. (Provérbios 12:25)

> Começar uma discussão é como abrir brecha num dique; por isso resolva a questão antes que surja a contenda. (Provérbios 17:14)

A orientação bíblica é clara: uma boa comunicação, aberta e apropriada, envolverá o *falar amável*, as *palavras agradáveis, bondosas* e *animadoras*. Por outro lado, má comunicação, que provoca várias e intermináveis discussões, tem o efeito do rompimento de uma barragem: a água do rio que é contida pelo dique romperá suas paredes se houver uma pequena rachadura. Assim, Salomão aconselha: é melhor acertar o motivo da divergência o mais rápido possível.

Algumas armadilhas comuns

1ª armadilha: inflexibilidade

A *comunicação* traz consigo o conceito de *entendimento* entre duas ou mais pessoas. Cada uma dessas pessoas pode ter uma ideia a expressar e, para isso, precisa ser ouvida e compreendida. A flexibilidade é um valor fundamental para *entender* cada ideia, compará-la com a que temos e aperfeiçoar a nossa estratégia com os dados positivos trazidos pelos outros.

Pessoas inflexíveis acreditam que apenas a sua ideia é a correta, mostrando-se sem disposição para ouvir ideias diferentes. Pessoas "não ensináveis" podem ser ótimas naquilo que fazem, mas seus horizontes são curtos, têm dificuldades no trabalho em equipe e fazem muitos sofrerem, mesmo quando em sua avaliação considerem que agiram corretamente.

2ª armadilha: agressividade

A consequência da inflexibilidade, em muitos casos, é a agressividade. Às vezes, porque os argumentos de defesa do seu ponto de vista foram postos em cheque ou derrubados por quem não concorda com eles. Outras vezes, a agressividade vem por uma insegurança pessoal de quem se sente ofendido por ser questionado.

A violência no falar e o tratamento irado às pessoas que pensem diferente de nós tem de ser objetos de nossa preocupação. É um problema que precisa ser tratado. Não pode ser encarado como simples questão de herança familiar do tipo "eu fui criado assim". É necessário exercer o equilíbrio e o domínio próprio. Quando não se consegue isso, é importante buscar ajuda profissional de um médico ou psicólogo, a fim de que essa dificuldade não se transforme em um transtorno do humor.

3ª armadilha: sofrer calado

As duas primeiras armadilhas dizem respeito a ataques direcionados aos outros. A terceira armadilha é um ataque contra si mesmo. Não dá para sofrer calado, sem comunicar ao outro o que sente. Se agirmos assim, isso resultará em "implosão" ou "explosão" emocional.

A maneira de comunicar o que sente deve ser feita com prudência e sabedoria. Caso tenha dificuldades de fazê-lo, procure ajuda de um conselheiro ou psicólogo para desenvolver a imposição de limites e comunicar sentimentos aos outros.

Então, o que fazer?

Priorize o diálogo. Não adianta alegar que "não tem tempo". Só se caminha para uma boa comunicação praticando-a. Faça como nos seus bons tempos de namoro, lembra? Vocês conversavam sobre tudo, caminhando ou sentados em um sofá. Estabeleça um padrão de conversa equilibrado, o que implica *falar*, mas também *ouvir*. Dê oportunidade para o outro reportar suas necessidades e seus desejos de maneira clara e sincera. Revele seus sentimentos positivos e negativos sem falsidade ou fingimento. Falem sobre acontecimentos do dia, sentimentos alegres ou tristes, planos e expectativas.

Ouça o "coração" do outro. Ao ouvir os argumentos do seu cônjuge, tente se colocar no lugar dele, e mesmo que seja apenas como suposição, vivencie por um momento o que ele falou. Procure analisar como seria "estar na pele" do outro e pensar sob o ponto de vista dele, sentir-se como ele se sente. Dessa maneira, você terá noção do que é olhar o mundo através dos olhos do outro. Esse exercício se chama *alteridade* (pensar altruisticamente, sob o ponto de vista do outro), que é o oposto do *egocentrismo* (pensar só em si mesmo e olhar sob o seu prisma).

Não seja vítima. Uma das atitudes mais comuns quando se é pego em algum erro é se fazer de vítima ou agir como uma criança indefesa. Ainda existe a possibilidade de se defender atacando o outro, lembrando-lhe de problemas do passado. Assuma as faltas que cometeu. Quando você reconhece que foi infeliz em uma atitude e pede perdão por sua parcela de erro, tudo fica mais fácil de ser acertado e voltar à convivência normal.

CHAMAS DO ROMANCE

A próxima área vital aos casamentos felizes e de longa duração é manter acesas as "chamas do romance". As cinco pesquisas realizadas trouxeram também outras palavras que ampliam esse conceito, como: *sexo*, *carinho demonstrado* e *fidelidade*.

Ao pensar em reacender as chamas, muitos remetem imediatamente ao sexo. Embora o romantismo contribua e até nos prepare para esse momento, nem sempre ele visa objetivamente ao ato sexual. O romantismo também é suave, delicado, poético, respeitoso, agradável e visa exaltar e valorizar o outro.

O sexo é maravilhoso e importantíssimo na vida do casal. Mas amor não é só sexo. Os casais que pensam no amor apenas como uma questão sexual acabam se frustrando. Aqueles que entendem que o amor tem vários aspectos e que todos eles precisam ser cuidados diariamente desfrutam de uma qualidade melhor em seus relacionamentos — até mesmo na área sexual. Sexo bom e satisfatório é *consequência* de estarem sendo trabalhadas e satisfeitas algumas áreas da vida conjugal, como o romantismo, o companheirismo, a sociedade e a vida espiritual. Portanto, o sexo é uma celebração.

O que a Bíblia diz sobre o assunto

O romance está presente em várias passagens bíblicas. Algumas delas são relacionadas à descrição poética de quem se ama e outros textos estão relacionados diretamente ao envolvimento sexual:

> Como você é linda, minha querida! [...]. Seus olhos são pombas. Como você é belo, meu amado! Ah, como é encantador! Verdejante é o nosso leito. (Cânticos dos Cânticos 1:15-16)

> Seja bendita a sua fonte! Alegre-se com a esposa da sua juventude. Gazela amorosa, corça graciosa; que os seios de sua esposa sempre o fartem de prazer, e sempre o embriaguem os carinhos dela. (Provérbios 5:18-19)

> O marido deve cumprir os seus deveres conjugais para com a sua mulher, e da mesma forma a mulher para com o seu marido. Não se recusem um ao outro, exceto por mútuo consentimento [...] para que Satanás não os tente por não terem domínio próprio. (1Coríntios 7:3,5)

O livro de Cantares, citado na primeira passagem, mostra o diálogo do rei Salomão com sua mulher Sulamita. Esse livro é repleto de declarações românticas do casal. É um estímulo a qualquer leitor apaixonado. Na sequência, é mostrado um provérbio do mesmo rei, em que o jovem marido é exortado a se alegrar e se envolver nas carícias de sua esposa. O terceiro verso bíblico traz o apóstolo Paulo orientando objetivamente aos casados a só deixarem de praticar o sexo se houver comum acordo e por um curto espaço de tempo. A razão disso é para que não caiam em tentação, motivada pela falta de um relacionamento sexual saudável com os próprios parceiros. As Escrituras Sagradas aprovam e incentivam as "chamas do romance".

Algumas armadilhas comuns

1ª armadilha: sem tempo para o sexo

O início do casamento geralmente é marcado por muito romantismo e um ardoroso envolvimento sexual. Mas, com o passar dos anos de convivência, essa volúpia vai amenizando e o casal alcança determinada regularidade na prática sexual. Só que alguns cônjuges acabam ficando quase sem tempo para o sexo.

Existem motivos justificáveis para esse fato: problemas médicos, psicológicos, idade, exigências do trabalho, entre outros. Por outro lado, esses motivos devem ser analisados por ambos para que não se tornem desculpas para o cansaço, a indiferença e as brigas malresolvidas. Isso é uma cilada que destrói muitos relacionamentos. Os cônjuges que se sentem frustrados ficam vulneráveis a diversas tentações.

2ª armadilha: desvalorizar o romance

Alguns homens podem pensar: "Romance é coisa de adolescente. Eu quero é ir direto ao sexo!" Muitos maridos, no passado, agiram de maneira bruta, tratando suas esposas com se fossem um objeto. Ninguém gosta de se sentir como um objeto que é utilizado e logo depois jogado fora. Assim, para manter a chama acesa, precisamos apreciar o romance em todos os momentos e utilizá-lo principalmente nas preliminares do ato amoroso.

3ª armadilha: sedução extraconjugal

Quando um cônjuge não está suprido em suas carências físicas e românticas, muitas vezes ele começa a dar ouvidos aos elogios feitos por pessoas que estão no trabalho, na escola, na academia, na igreja, na vizinhança, na internet etc. Antes que seu parceiro caia na cantada de alguém, faça você mesmo os elogios a ele.

4ª armadilha: considerar-se forte demais

O apóstolo Paulo diz: "Aquele, pois, que pensa estar em pé veja que não caia" (1Coríntios 10:12 ARA). Quem se acha maduro demais para cair em tentação geralmente acaba caindo facilmente. Todos podem fraquejar diante das ciladas da infidelidade. Aqueles que são humildes em reconhecer suas limitações e que buscam proteger-se, fugindo da menor possibilidade de um adultério, têm mais chances de evitá-lo.

Então, o que fazer?

Seja criativo. Quase todas as mulheres já nascem com uma natureza romântica. Os homens, ao contrário, aprendem através dos anos que se quiserem conquistar suas mulheres terão de aperfeiçoar suas atitudes, tornando-as mais atraentes e apaixonadas. Contudo, depois que conseguem casar, muitos deles relaxam na área do romantismo. Esforçaram-se e foram criativos por tanto tempo, que após conseguirem escolher suas esposas e casar com elas, deixam gradativamente as atitudes carinhosas de lado.

Romantismo é uma parte muito importante no casamento. É ele que traz mais *dinâmica* a certas rotinas inevitáveis; traz mais cor e luz aos momentos sombrios; traz mais sabor a relacionamentos que estavam azedando.

Mas o romance não tem vida própria, ele não acontece sozinho e precisa ser cultivado regularmente, senão murcha. Se pensarmos que o romance é uma parte essencial ao relacionamento, chegamos à conclusão de que *sem romance, o casamento perde muito da sua cor, da sua luz e do seu sabor*!

Então, volte a agir romanticamente, cultive a imaginação, relembrando as situações do namoro. Crie um clima romântico: prepare o local do encontro, mantenha o contato físico e visual.

Aprenda mais. Uma parte extremamente importante, para manter acesas as chamas do romance no casamento, é a relação sexual. Ela deve ser sempre melhorada mantendo-se em constante aprendizado. Com isso, os casais descobrem que podem aperfeiçoar a sua vida sexual mediante maior conhecimento, compreensão e sensibilidade mútua. É evidente que casais cristãos, compostos de pessoas que foram transformadas pelo evangelho, não vão melhorar seu desempenho sexual utilizando-se de meios *não santos*, como é o caso da pornografia e seus subprodutos.

Existem muitas maneiras de desenvolvermos a área física do amor, veja algumas:

- Livros cristãos: existem vários livros que detalham como melhorar a vida sexual do casal, como *O ato conjugal*, de Beverly Lahaye, e *Sexo e intimidade*, de Ed e Gaye Wheat, entre outros.
- Livros e revistas médicas com matérias sérias, que podem ser indicadas por profissionais da área para instrução de seus pacientes.
- Palestras ministradas por profissionais como médicos, psicólogos, enfermeiros e conselheiros que trabalham com casais, visando a um contato mais aberto e informal, com possibilidade de abertura para o debate.

Proteja-se de tentações. Vivemos em uma sociedade que considera normal alguém casado ficar *flertando* com quem não é o seu cônjuge. Sabemos como isso termina: traição e adultério. As consequências são desastrosas para o casamento, para os filhos, para os amigos e até mesmo para a vida profissional.

Lembre-se do exemplo de Jó, que disse: "Fiz acordo com os meus olhos de não olhar com cobiça para as moças" (Jó 31:1). Ele era casado, além de ter um compromisso sério com o Senhor. Assim, disciplinou-se a desviar seus olhos de situações que o levariam a ser infiel. Jó sabia muito bem que "[Deus] enxerga os confins da terra e vê tudo o que há debaixo dos céus" (Jó 28:24). Salomão afirmou que, um dia, o Criador nos questionará a respeito de todas as nossas atitudes: "Alegre-se, jovem, na sua mocidade! Seja feliz o seu coração nos dias da sua juventude! Siga por onde seu coração mandar, até onde a sua vista alcançar; mas saiba que por todas essas coisas Deus o trará a julgamento" (Eclesiastes 11:9). Portanto, sejamos românticos, mas apenas com nossos cônjuges.

PRAZER EM ESTAR JUNTO

As cinco pesquisas identificaram o *gosto pela convivência* como outra área vital ao casal. Foram mencionadas também palavras como: *afeição*, *admiração*, *humor* e *divertir-se* para explicar e ampliar essa ideia. Faz todo o sentido que as uniões duradouras sejam consequência dessas ações de companheirismo através do tempo.

Fatores como a paixão e o romance normalmente têm um grande peso na escolha do futuro parceiro. No entanto, eles terão vida curta se permanecerem isolados. É importante que tudo aquilo que nos atraiu cresça com o tempo por meio da admiração a quem o outro é e ao que faz — afinal vocês estão construindo um futuro juntos. A felicidade dos bons momentos compartilhados e a confiança de caminharem lado a lado se transformam em força e vigor para enfrentar as tormentas e os tempos difíceis que a vida sempre traz.

O que a Bíblia diz sobre o assunto

Vários textos bíblicos traduzem qualidades e atitudes de cônjuges que são bem-sucedidos em sua convivência familiar:

> Seus filhos se levantam e a elogiam; seu marido também a elogia, dizendo: "Muitas mulheres são exemplares, mas você a todas supera" (Provérbios 31:28-29).

> O seu falar é muitíssimo doce; sim, ele é totalmente desejável. Tal é o meu amado, tal, o meu esposo (Cântico dos Cânticos 5:16 ARA).

Há, ainda, passagens que mostram como o amor e a alegria devem ser preservados nos momentos de dificuldades:

> O amor deve ser sincero. Odeiem o que é mau; apeguem-se ao que é bom. [...] Alegrem-se na esperança, sejam pacientes na tribulação, perseverem na oração. [...] Alegrem-se com os que se alegram; chorem com os que choram. (Romanos 12:9,12,15)

> Alegrem-se sempre. Orem continuamente. (1Tessalonicenses 5:16-17)

Além disso, as Escrituras nos incentivam a caminhar com pessoas que nos alegram e que agregam valores positivos:

> Como é bom e agradável quando os irmãos convivem em união! (Salmos 133:1)

> Aquele que anda com os sábios será cada vez mais sábio. (Provérbios 13:20)

Sendo assim, temos uma sólida base bíblica para andar bem-acompanhados, com gente que nos inspira e nos torna pessoas melhores, principalmente quando as escolhemos para viver uma linda história de amor conosco.

Algumas armadilhas comuns

1ª armadilha: excesso de críticas

A alegria de caminhar juntos pode se transformar em tragédia se as críticas não forem feitas com sabedoria. Críticas existirão na vida de qualquer casal, pois tais observações ou comentários normalmente acontecem originados por uma boa intenção. O objetivo desses comentários não é magoar, e sim melhorar, contudo a maneira e o tom dessas críticas acaba afetando ao outro.

As reclamações por vezes se acumulam e a tendência é tentar resolvê-las todas em apenas uma conversa. Despejam-se críticas que causam irritação, frustração e desânimo ao cônjuge. Será muito sensato se as observações não tão positivas forem mais espaçadas, uma de cada vez, intercalada em vários dias e com momentos de valorização das virtudes do companheiro. Essa armadilha é terrível, pois é muito difícil viver saudavelmente em um ambiente em que se é criticado constantemente.

2ª armadilha: excesso de realidade

A crise conjugal será uma questão de tempo se as conversas do casal forem muito mais para discutir problemas do que para desfrutarem os bons momentos que a vida traz. Há casais que exageram. Os problemas precisam ser resolvidos, mas certas pessoas ficam paranoicas com suas dificuldades. Só pensam nelas, só falam sobre elas e não têm outro assunto. Agem como se estivessem travadas diante dos outros aspectos de seu dia a dia.

A realidade é dura e precisa ser enfrentada seriamente, sem fugas. Mas algumas pessoas caminham para uma radicalização, mergulhando nos problemas de uma maneira tão desmedida que não veem mais nada além deles, perdem sua paz interior e ainda prejudicam o relacionamento.

3ª armadilha: excesso de lazer

Trata-se do oposto ao problema anterior. Aqui a pessoa se empolga tanto por estar junto ao cônjuge, aos filhos e à família que passa a viver de modo irresponsável, supervalorizando o lazer e perdendo horários e compromissos.

Alguns adultos se viciam em diversão, seja de maneira solitária, como no caso dos jogos de videogame, ou em conjunto com outras pessoas. Eles têm ataques de infantilidade e as consequências podem ser desastrosas. O lazer é uma prática positiva, mas precisa ter seus limites. O exagero pode se tornar uma fuga da realidade, em que o sustento familiar pode ser afetado. Sem trabalho, não se pagam as contas.

Então, o que fazer?

Dedicação. Reservem momentos para fazer coisas juntos, mesmo que por pouco tempo. A frequência irá levá-los a ansiar por estar juntos novamente. Um passeio em lugar agradável, curtir um cinema ou teatro, jantar em um restaurante gostoso, ou mesmo ficar em casa assistindo à tevê de mãos dadas.

Demonstre. Claro que uma boa conversa é sempre bem-vinda, mas mantenha a prática de abraçar, beijar e acariciar. Faça pequenos mimos, compre o bombom que o outro mais gosta. Ao voltar de uma viagem a trabalho, compre um *souvenir*, isso mostra que você pensou em seu cônjuge, embora estivesse longe dele.

Mantenha a descontração. Há situações em que você pode manifestar seu bom humor. Revelar um pouco do seu lado mais leve e descontraído. São momentos preciosos e devem ser preservados. Nosso lar é um doce refúgio, onde podemos sair da extrema rigidez dos relacionamentos profissionais e respirar ares bem mais saudáveis. Cultive a autenticidade, seja verdadeiro. Sinta-se livre para chorar, rir e divertir-se com as pessoas que mais gostam de você, nos bons e nos maus momentos: a sua família.

VALORES COMUNS

Casamentos felizes e de longa duração são marcados também pelos valores escolhidos e vivenciados pelos cônjuges, como *integridade*, *honestidade*, *vida espiritual* e *significados na vida*, entre outros. Isso foi detectado pelas pesquisas já mencionadas.

Agir de maneira coerente e íntegra deve ser uma busca constante por parte de qualquer ser humano. Mas aqueles que pretendem ter relacionamentos duradouros precisam desenvolver discursos e ações baseadas na verdade e na transparência. A clareza de propósitos e objetivos precisa ser a sua marca. Retidão de caráter deve se tornar uma *agradável obsessão*. Quando cada cônjuge pensa desse modo, vive no dia a dia com um mesmo padrão moral e ético.

Sem dúvida, os casais que cultivam seus momentos espirituais, buscando em Deus as respostas aos seus anseios existenciais, bem como força, coragem e sabedoria para enfrentar a vida, facilitarão bastante a sua caminhada. Algumas tradições, costumes e preferências familiares são mantidas pelo casal, como uma vez por mês convidar amigos para jantar em casa ou promover um encontro com todos os parentes na Páscoa ou no Natal. São momentos gostosos que decidimos cultivar, como um *valor importante* a ser preservado entre as pessoas que queremos bem. Muitas vezes essas tradições e costumes passam de pais para filhos e tendem a se perpetuar. O casal pode discordar, discutir e pensar diferente em muitos assuntos, mas naquilo que podemos chamar de *princípios básicos* eles quase sempre estão de acordo. O inverso também é verdadeiro: é comum sabermos de casais que se separaram rapidamente em razão de divergências em áreas como a dos valores familiares, éticos e morais; retidão de caráter; visão de mundo etc.

O que a Bíblia diz sobre o assunto

A ação do evangelho de Cristo visa mudar o homem *de dentro para fora*. Isso quer dizer transformar primeiro sua *consciência* e seus *valores* para depois, como consequência, mudar suas atitudes para com os outros e a maneira de enfrentar a vida. Assim, são inúmeras as passagens bíblicas abordando os valores errados a serem abandonados e os positivos, que devem ser cultivados.

O apóstolo Paulo instrui sobre como aproveitar bem o nosso tempo e que tipo de pensamentos devem permear nossa mente:

> Tudo o que for verdadeiro, tudo que for nobre, tudo o que for correto, tudo o que for puro, tudo o que for amável, tudo o que for de boa fama, se houver algo de excelente ou digno de louvor, pensem nessas coisas. (Filipenses 4:8)

Além disso, Paulo também citou outros valores comuns àqueles que vivenciam o evangelho, como compaixão, paciência e perdão:

> Como povo escolhido de Deus, santo e amado, revistam-se de profunda compaixão, bondade, humildade, mansidão e paciência. Suportem-se uns aos outros e perdoem as queixas que tiverem uns contra os outros. Perdoem como o Senhor lhes perdoou. (Colossenses 3:12-13)

Pedro, discípulo de Cristo, incentiva:

> Tenham todos o mesmo modo de pensar, sejam compassivos, amem-se fraternalmente, sejam misericordiosos e humildes. (1Pedro 3:8)

Isso mostra que existe muita base nas Escrituras Sagradas aprovando os valores positivos cultivados por alguns casais que são um exemplo para toda a família por muitos anos.

Algumas armadilhas comuns

1ª armadilha: briga na família

Ao tentar manter alguma tradição que envolva seus parentes, prepare-se para encontrar possíveis obstáculos desagradáveis. Eles podem ocorrer ao convidar a família extensa para uma comemoração em sua casa, por exemplo. Infelizmente, nessas ocasões, algumas pessoas supervalorizam pequenos problemas. Uma brincadeira pode ser mal-entendida e um convidado se melindrar com o que aconteceu, ou então algum adulto chamar a atenção de maneira mais dura a alguma criança travessa e os pais se desentenderem com quem a repreendeu.

A discussão dos familiares pode indiretamente causar mal-estar entre os cônjuges que promoveram o evento. Os problemas malresolvidos podem envolver irmãos, sogros e tios, levando ao afastamento em encontros tradicionais, como aniversários, formaturas, Natal etc. Essa armadilha é muito comum e afeta muitos lares.

2ª armadilha:: desentendimentos na igreja

Pessoas que trabalham juntas necessitam constantemente entrar em acordo naquilo que fazem, pois alguém deverá liderar e o outro precisa obedecer, visando executarem qualquer projeto para o bem comum. Esse princípio é válido em qualquer lugar, inclusive no ministério. No entanto, é mais fácil aceitarmos as discussões dentro de uma empresa, em que somos pagos para trabalhar, do que em uma comunidade religiosa, onde todos são voluntários.

Muitas vezes os desentendimentos que ocorrem nos templos conduzem ao isolamento por longo tempo, não apenas da convivência com aqueles irmãos, como também de uma "briga" com o próprio Deus. Uma palavra dita sem cuidado ou alguma cobrança mais exaltada sobre a responsabilidade de alguém provocam em certas pessoas a reação de querer abandonar o ministério. A falta de perdão aumenta a decepção e justifica interiormente o afastamento do exercício de seus dons espirituais.

A pessoa caiu na armadilha: parou de frequentar a igreja, abandonou seu ministério, deixou o trabalho ir por água abaixo. A consequência será não deixar o cônjuge e os demais membros da família irem à comunidade. O diabo está feliz e "batendo palmas" para tudo isso. Como resultado, os seus valores espirituais foram abalados por essa estratégia.

3ª armadilha: discordar de metas futuras

Existem pessoas que passam boa parte da vida tendo ideais para o futuro. Isso é muito positivo quando há comum acordo com a família. Mas alguns sonhos são muito particulares e exclusivos de uma pessoa — e isso poderá trazer grandes problemas.

Imagine a situação de um marido que tenha o anseio de, quando se aposentar, passar o resto de sua vida em uma fazenda isolada em uma cidade pequena, cuidando de gado. Só que seus filhos estão na época de entrar na faculdade, que talvez não exista naquela região. Além disso, eles odeiam tudo o que se refere ao campo. A esposa tem arrepios só de pensar em morar longe de uma cidade grande, cuidar de animais e viver rodeada por mosquitos.

Já pensou que confusão existirá nessa casa quando o homem resolver mudar, levando todos juntos com ele? Quando os sonhos são de uma só pessoa, mas envolvem toda família, podem gerar muito conflito. Essa armadilha pode estragar o convívio e a alegria no lar.

Então, o que fazer?

Incentive os rituais de família. Se, durante a sua infância, os seus pais acostumaram você a essas ocasiões prazerosas e suas recordações são agradáveis, é natural que você queira dar continuidade a elas. Receber visitas de vez em quando, realizar almoços comemorativos, abrir presentes com a família no Natal, participar de atividades especiais no fim de semana e realizar encontros com velhos amigos são bons rituais familiares que devem ser mantidos.

Mantenha os papéis sociais. Deixem claros os valores que o casal já vivencia e deve ensinar aos seus filhos, como a responsabilidade em serem bons pais, filhos e cônjuges; a busca pela excelência em tudo o que fazem, o compromisso de serem profissionais competentes, o ideal de tornar o mundo um pouco melhor em sua geração etc.

Seja um exemplo. Se você diz ter valores éticos e religiosos, então viva o que prega. Lute onde estiver por princípios de bondade, integridade, honestidade, transparência e coerência com o que acredita.

Flexibilize metas futuras. Você pode e deve ter planos para o futuro, mas seja flexível. De que adianta realizar seu sonho e descontentar todos aqueles que você mais ama? Cultive ideais de vida compatíveis, esperanças e aspirações que incluam pessoas ao seu redor em vez de repeli-las.

BOA RESOLUÇÃO DE CONFLITOS

A última área mencionada nas cinco pesquisas que preserva a felicidade nos casamentos e proporciona muitos anos de vida conjugal é a maneira sábia de resolver os problemas que surgem diariamente. Outras expressões que foram usadas pelos casais nessas avaliações e que ampliam seu conceito foram: *habilidade em decidir* e *maneira de superar impasses.*

Nossa existência produz desafios novos a cada dia. Muitos deles nos surpreendem, assustam e chocam, mas não devem nos paralisar. Obstáculos existem para serem superados. Problemas aparecem e precisam ser equacionados e resolvidos.

Algumas pessoas têm mais habilidades que outras nesses momentos. São mais frias e calculistas, usam bem a flexibilidade, lembram-se de experiências passadas em que não foram tão sábias para logo à frente optarem por caminhos melhores. Essas qualidades mantêm casamentos unidos por mais tempo.

O que a Bíblia diz sobre o assunto

Deus sempre mostra que a pessoa considerada *sábia* é aquela que não age por impulso e sem pensar, mas que avalia bem a situação antes de tomar alguma atitude. Ponderar, examinar caminhos e decidir com equilíbrio têm alto valor nas Escrituras Sagradas. Elas também mostram que a irritação, a gritaria, a provocação e a violência são marcas daqueles que ampliam as suas dificuldades e não resolvem os problemas.

> O justo pensa bem antes de responder, mas a boca dos ímpios jorra o mal. (Provérbios 15:28)

> A sabedoria do homem lhe dá paciência; sua glória é ignorar as ofensas. (Provérbios 19:11)

> Dar resposta apropriada é motivo de alegria; e como é bom um conselho na hora certa! (Provérbios 15:23)

> A resposta calma desvia a fúria, mas a palavra ríspida desperta a ira. (Provérbios 15:1)

> Mas agora, abandonem todas estas coisas: ira, indignação, maldade, maledicência e linguagem indecente no falar. Não mintam uns aos outros. (Colossenses 3:8-9)

> Não retribuam mal com mal nem insulto com insulto; pelo contrário, bendigam; pois para isso vocês foram chamados, para receberem bênção por herança. (1Pedro 3:9)

O conselho bíblico, portanto, está ligado a pensar bem, ouvir conselhos, manter a calma nas discussões, não revidar o mau tratamento recebido e evitar confrontos antes de tomar uma decisão com o objetivo de se tornar a cada dia, uma pessoa mais sábia nas resoluções dos problemas.

Algumas armadilhas comuns

1ª armadilha: imposição de decisões

Existem problemas que podem ser decididos por apenas um dos cônjuges devido à falta de tempo suficiente para consultar a opinião do outro. Mas essa deve ser a exceção, e não a regra. A maior parte das decisões precisa de consenso, caso contrário, gerarão no futuro muitas discussões entre o casal.

Pessoas inflexíveis, que não aceitam sequer ouvir o ponto de vista do outro, caem nessa armadilha e não percebem que estão perdendo a capacidade de conhecer diferentes ângulos da questão. A solução poderia ser até mais fácil e criativa, pois a observação dos outros alerta sobre boas e interessantes possibilidades.

A imposição de uma ideia traz muitos riscos. Um deles é que a pessoa pode estar totalmente certa e será elogiada, ou pode estar totalmente errada e será culpada pelos outros. A sabedoria está na flexibilidade: ouvir as sugestões, reter o que é bom e tentar fazer a melhor decisão com os dados disponíveis, realizando isso de maneira compartilhada.

2ª armadilha: destempero emocional

Certas pessoas são tão estressadas que parecem viver em uma zona de guerra. Sentem-se ameaçadas e contrariadas por tudo e por todos. Parecem ter mania de perseguição, e para se defenderem utilizam-se das explosões emocionais. Qualquer divergência ou discordância à sua maneira de encarar um problema será motivo de uma gritaria ou discussão em altos brados. Essas pessoas explodem com o objetivo de desincentivar qualquer oposição à sua ideia.

O casamento dessas pessoas está permanentemente ameaçado, pois seu cônjuge não aguenta a situação, sofrendo por muito tempo. A saída para pessoas exaltadas é entender que precisam de uma avaliação médica com relação ao descontrole exagerado.

Caso haja a necessidade de tratamento e medicação, em um curto espaço de tempo, a serenidade voltará a reinar nesse lar e mais uma família deixará de se separar.

3ª armadilha: fazer concessões demais

Há pessoas que não abrem mão de suas ideias, mas também existem aqueles que cedem demais e sempre, quando deveriam lutar um pouco mais por seus pontos de vista. Todas as negociações têm seus limites. É necessário ceder apenas no que é possível, firmando nossa opinião naquilo que consideramos essencial, sem banalizar nossos ideais, princípios e ética.

Assim, se é errado ser inflexível, há o extremo oposto que também é condenável: sempre abrir mão de suas ideias em benefício da opinião das outras pessoas. Flexibilizar é uma virtude, mas existem momentos em que é necessário fixar posições para que nossas convicções sejam entendidas.

Então, o que fazer?

Moderação. Ao discutir sobre algum assunto, aborde o problema sem perder a calma, com tranquilidade, sem usar de rispidez. Quando houver divergência em algum ponto, não tome como uma afronta pessoal, mas simplesmente como um modo diferente de olhar a questão.

Acalme-se e acalme o parceiro. Será mais difícil vocês se entenderem se houver ataques verbais cada vez maiores. Quando os ânimos estão exaltados, as palavras são jogadas sem o crivo do bom senso e acabamos ofendendo e sendo ofendidos. Portanto, nessas situações, você deve se acalmar e tentar acalmar a pessoa com quem está conversando. Seja tolerante com as possíveis falhas que o outro tiver no momento em que estiver nervoso. Seu objetivo maior é conseguir que uma solução do problema seja encontrada.

Negocie. Quando surgir uma divergência de pensamento, defina os pontos que vocês têm em comum. Depois, analise bem o que é negociável e inegociável em sua maneira de ver a questão. Aprenda que as concessões mútuas são saudáveis na busca para se chegar a um acordo. Tente corrigir os próprios erros e aceite iguais tentativas feitas pela outra pessoa.

Finalizando, não devemos esquecer que essas áreas estudadas pelas pesquisas são fundamentais e devem ser defendidas vigorosamente se quisermos desenvolver casamentos felizes e famílias saudáveis, que permaneçam em união por muito tempo. Nunca se esqueça delas:

1. Amizade
2. Respeito
3. Boa comunicação
4. Chamas do romance
5. Prazer em estar junto
6. Valores comuns
7. Boa resolução de conflitos

Capítulo 7

Lidando com a ira

Qualquer pessoa pode encolerizar-se. É fácil. Mas encolerizar-se com a pessoa certa, no grau certo, no momento certo, pela razão certa e da forma certa — isso não é fácil.
— Aristóteles, em *Ética a Nicômaco* (Ed. Abril Cultural)

UM SENTIMENTO A SER CONTROLADO

A ira é um sentimento dado por Deus ao homem. O próprio Criador manifesta na Bíblia, diversas vezes, essa capacidade. Como um ser perfeito, o Senhor manifesta a ira em equilíbrio com sua justiça e misericórdia. O homem, sendo imperfeito, não tem o mesmo equilíbrio, podendo utilizar a ira como fator negativo com uma frequência impressionante.

Um dos grandes desafios do ser humano é manter o *domínio próprio* com relação ao sentimento da ira. Quando não controlada, ela pode causar inúmeros estragos, incluindo rompimento de amizades, brigas vergonhosas, famílias abaladas e até atos criminosos.

A violência que é gerada pela ira descontrolada tem sido estudada há muitos anos. Existem aqueles que consideram o próprio homem como responsável dessa agressividade latente, tendo a origem *genética* como uma das possibilidades. Em *Pontos de psicologia do desenvolvimento*, Célia Barros comenta que a tendência à violência pode ser *aprendida* quando o homem vê essa prática ao seu redor e passa a reproduzi-la. No livro *Psicologias*, de Ana Bock, Odair Furtado e Maria de Lourdes Teixeira, vemos que ainda há estudiosos que creem em uma combinação das duas primeiras: o homem pode ser propenso geneticamente e também aprender a se irar exageradamente.

Todas essas linhas de pensamento apresentam dados interessantes. A nosso ver, cada uma delas deve ser analisada com todo cuidado. De maneira alguma poderemos fechar os olhos à possibilidade hereditária ou à influência do meio. Entretanto, como cristãos, sabemos que existe um importantíssimo componente que contribui para que o homem faça o que é mau: o pecado.

O LADO POSITIVO DA IRA

Temos contatos mais frequentes com as explosões e os problemas causados pela ira. Entretanto, ela tem o seu lado bom e saudável. Um exemplo é quando ficamos indignados contra a violação dos padrões de Deus. Algumas vezes, o próprio Jesus irou-se desta maneira:

> Hipócritas! Bem profetizou Isaías acerca de vocês, dizendo: "Este povo me honra com os lábios, mas o seu coração está longe de mim. Em vão me adoram; seus ensinamentos não passam de regras ensinadas por homens." [...] Ai de vocês, mestres da lei e fariseus, hipócritas! Vocês fecham o Reino dos céus diante dos homens! Vocês mesmos não entram, nem deixam entrar aqueles que gostariam de fazê-lo. [...]

> Serpentes! Raça de víboras! Como vocês escaparão da condenação ao inferno? (Mateus 15:7-9; 23:13,33)

É interessante notar que, apesar da linguagem forte, Jesus atacava o mal e a maldade de uma atitude religiosa incoerente; ele não tinha o objetivo de humilhar as pessoas que praticavam o erro. Sua intenção era exortá-los sobre as consequências do que faziam para que voltassem aos padrões corretos.

Percebemos também o lado bom da ira quando ela atua como um "alarme" contra um perigo ou uma ineficiência. Existem ocasiões em que a passividade pode custar a vida de alguém. Por exemplo: um pai que grita irado "Pare!" a um filho desatento, que está prestes a atravessar a rua com um caminhão vindo em sua direção. Caso houvesse mais tempo para explicações, agiríamos mais controladamente. A explosão da ira pode avisar sobre um perigo iminente, ou exortar sobre os efeitos danosos de algum projeto. Nem sempre esse "alarme" é acionado sem magoar ou ferir alguém. Por isso, é necessária a disposição de pedir perdão ou acertar com quem nos irritamos. Veja o que Paulo aconselhou em Efésios: "Quando vocês ficarem irados, não pequem. Apaziguem a sua ira antes que o sol se ponha" (Efésios 4:26).

Outro momento em que a ira é saudável acontece quando é uma repreensão honesta, que leva a outra pessoa a se arrepender e a mudar para melhor. O verdadeiro amigo não fala somente o que é bom e agradável; havendo necessidade, ele deve repreender de forma leal, mesmo que a outra pessoa se entristeça. Veja o que diz a Bíblia sobre isso:

> É melhor a crítica franca do que o amor sem franqueza. O amigo quer o nosso bem, mesmo quando nos fere; mas, quando um inimigo abraçar você, tome cuidado! (Provérbios 27:5-6 NTLH).

> Pregue a mensagem e insista em anunciá-la, seja no tempo certo ou não. Procure convencer, repreenda, anime e ensine com toda a paciência. (2Timóteo 4:2 NTLH).

> Mesmo que a minha carta lhes tenha causado tristeza, não me arrependo. É verdade que a princípio me arrependi, pois percebi que a minha carta os entristeceu, ainda que por pouco tempo. Agora, porém, me alegro, não porque vocês foram entristecidos, mas porque a tristeza os levou ao arrependimento. Pois vocês se entristeceram como Deus desejava, e de forma alguma foram prejudicados por nossa causa. A tristeza segundo Deus produz um arrependimento que leva à salvação e não remorso, mas a tristeza segundo o mundo produz morte. (2Coríntios 7:8-10)

O LADO NEGATIVO DA IRA

A ira como já mencionamos pode ser altamente destrutiva. Dependendo da direção em que é dirigida, ela pode ferir de diferentes maneiras. A *explosão de ira* acontece quando as energias emocionais são disparadas contra alguém e podem provocar reações idênticas, voltadas contra o primeiro a explodir. Há também a *implosão de ira*, em que o indivíduo se fecha dentro de sua irritação e a tensão é liberada contra si mesmo. Pode ocorrer também a *negação da ira*, quando em vez de enfrentar o motivo da irritação, o irado *nega* que esteja com o problema, tentando adiar sua resolução. Ao ser arguido a respeito, geralmente a resposta é "Está tudo bem". O acúmulo de *negações* da ira pode gerar uma *explosão descontrolada* em um futuro próximo. Em todos esses casos, as energias emocionais são usadas destrutivamente, sem contribuir para a solução dos problemas.

Nossa irritação também pode ser resultado de não conhecermos todos os fatos que envolvem um problema. Devido à imperfeição humana, cada pessoa vê a situação de acordo com a sua perspectiva, não se preocupando com os outros lados da questão. Como consequência, muitas vezes ficamos irritados com coisas que julgamos de maneira errada. Mas, de fato, elas não seriam consideradas assim, se estivéssemos de posse de todos os dados.

Sem dúvida podemos sentir-nos vulneráveis, ameaçados por críticas ou tornando-nos críticos por interpretar mal as atitudes dos outros e tirar conclusões precipitadas, negativas e injustificadas.

Não raramente *a ira leva ao pecado*. Isso fica implícito na advertência do apóstolo Paulo: "Quando vocês ficarem irados, não pequem" (Efésios 4:26). O pecado desse tipo pode se manifestar de várias maneiras. Uma delas é a *vingança*. Amargura, ódio, represália e atitude crítica são resultados da ira, sendo todas essas atitudes condenadas nas Escrituras. A *vingança* pertence somente a Deus. Não existe qualquer justificação bíblica para a represália ou o explodir da ira humana.

> Amados, nunca procurem vingar-se, mas deixem com Deus a ira, pois está escrito: "Minha é a vingança; eu retribuirei", diz o Senhor. (Romanos 12:19)

> Livrem-se de toda amargura, indignação e ira, gritaria e calúnia, bem como de toda a maldade. (Efésios 4:31)

> Não julguem, para que vocês não sejam julgados. Pois da mesma forma que julgarem, vocês serão julgados; e a medida que usarem, também será usada para medir vocês. (Mateus 7:1-2)

Além da vingança, a ira pode se manifestar como um pecado por meio do *abuso verbal*. Os cristãos têm a responsabilidade de controlar suas palavras, mas isso é especialmente difícil quando estamos zangados. No Antigo Testamento, quem não se controla muitas vezes é descrito como insensato:

> O homem paciente dá prova de grande entendimento, mas o precipitado revela insensatez [...]. O homem irritável provoca dissensão, mas quem é paciente acalma a discussão [...]. O tolo dá vazão à sua ira, mas o sábio domina-se. [...]

> Você já viu alguém precipitado no falar? Há mais esperança para o insensato do que para ele. [...] O homem irado provoca brigas, e o de gênio violento comete muitos pecados. (Provérbios 14:29; 15:18; 29:11,20,22)

No Novo Testamento, Tiago diz que "[...] todo homem deve ser pronto para ouvir, tardio para falar e tardio para se irar, pois a ira dos homens não produz a justiça de Deus" (Tiago 1:19-20) e também fala muito sobre a necessidade de se dominar o uso da língua:

> Toda espécie de animais, aves, répteis e criaturas do mar doma-se e é domada pela espécie humana; a língua, porém, ninguém consegue domar. É um mal incontrolável, cheio de veneno mortífero. Com a língua bendizemos o Senhor e Pai, e com ela amaldiçoamos os homens, feitos à semelhança de Deus. Da mesma boca procedem bênção e maldição. Meus irmãos, não pode ser assim! (Tiago 3:7-10)

A ira também pode se manifestar como um pecado quando toma a forma de *falsidade*. A pessoa irada e magoada, que não tem coragem de aceitar o problema, pode utilizar de sutilezas, falsidades, tramar enganos e divulgar fofocas contra seu ofensor. O objetivo é "dar o troco", ferir, vingar-se, sem um ataque frontal. Jesus diz que nossa palavra tem de ser *ou sim, ou não*. Não há lugar para falsidades. O que passar disso é de procedência do diabo (Mateus 5:37).

POSSÍVEIS CAUSAS DA IRA

Segundo Gary Collins, uma das várias causas para a ira é a *injustiça*. Ela pode acontecer no sentido de indignar-se com a injustiça cometida contra outras pessoas, ou então contra o fato de sentir-se prejudicado injustamente. Outra causa comum para a ira é a *frustração*. Ela é um obstáculo que nos impede de alcançar um objetivo. Chegar atrasado a um compromisso, por causa de um pneu furado, pode causar-nos uma leve frustração. Mas perder a hora do vestibular ou ter uma doença grave pode nos levar a uma forte frustração, com reações claras de ira. Existe também a *ira aprendida*. Os meios de comunicação, bem como jogos e videogames, divulgam todos os tipos de iras, descontroles e violências. Nossa memória capta essas informações e as reproduz nos momentos em que estamos irados.

AJUDANDO PESSOAS IRADAS

Você pode achar que não está preparado, mas Deus pode usá-lo na vida de algum amigo que está irado. Caso isso aconteça, lembre-se de sugestões como as que daremos a seguir. Primeiramente, você deve auxiliar a pessoa a *admitir* sua ira. Uma irritação que é negada jamais poderá ser eliminada. Muitas vezes, o mais difícil é ajudar a pessoa a reconhecer que está zangada. Mostre que a ira é uma emoção dada por Deus, mas que em algumas situações temos dificuldades em dominá-la. Cite alguns sinais da ira oculta, como depressão, queixas físicas, críticas, impaciência etc. Persistindo a negação de estar irado, verifique se aceita ao menos a possibilidade de estar zangado.

Outro passo será considerar as *origens* da ira. Mesmo que continue a negação, pergunte: "O que deixa você tão zangado? Lembra alguma vez que ficou muito zangado?" Quando se reconhece que está irado, é mais fácil trabalhar as causas que motivaram essa irritação. O objetivo é conseguir a restauração da paz entre os implicados, bem como a paz com Deus.

A seguir, para ajudar uma pessoa irada, enfatize a necessidade de *humildade*, *confissão* e *perdão*. É uma experiência humilhante admitir que está zangado ou que perdeu o autocontrole. Mas a humildade é de fundamental importância para a resolução do problema. A Bíblia enfatiza que é preciso confessar os erros a Deus e às pessoas implicadas.

> Quem esconde seus pecados não prospera, mas quem os confessa e os abandona encontra misericórdia. [...] Se confessarmos os nossos pecados, ele é fiel e justo para perdoar os nossos pecados e nos purificar de toda a injustiça. [...] Portanto, confessem os seus pecados uns aos outros e orem uns pelos outros para serem curados. A oração de um justo é poderosa e eficaz. (Provérbios 28:13; 1João 1:9; Tiago 5:16)

Se Deus nos perdoou de coisas tão mais graves, nós devemos, em relação aos homens, perdoar e sermos perdoados: "Quem é comparável a ti, ó Deus, que perdoas o pecado e esqueces a transgressão do remanescente da sua herança? Tu não permaneces irado para sempre, mas tens prazer em mostrar amor" (Miqueias 7:18-19).

Além desses passos, ensine à pessoa irada a necessidade do *autocontrole*, um dos ensinamentos bíblicos. Devemos tirar da nossa vida a ira, a indignação, a maldade, a amargura e as desavenças.

> Abandonem todas estas coisas: ira, indignação, maldade, maledicência e linguagem indecente no falar. [...] Livrem-se de toda a amargura, indignação e ira, gritaria e calúnia, bem como de toda a maldade. [...] Ao servo do Senhor não convém brigar mas, sim, ser amável para com todos, apto para ensinar, paciente. (Colossenses 3:8; Efésios 4:31; 2Timóteo 2:24)

O QUE FAZER PARA PREVENIR A IRA?

A primeira atitude para prevenir esse mal é evitar situações e pessoas que se iram facilmente. Muitas amizades podem ser danosas e devem ser evitadas. Certas pessoas com quem convivemos não servem exatamente como bons exemplos à nossa vida. Mas, com o passar do tempo, acabamos copiando e assimilando alguns desses maus comportamentos. A Bíblia nos dá várias orientações a esse respeito, como: "Não se associe com quem vive de mau humor, nem ande em companhia de quem facilmente se ira; do contrário você acabará imitando essa conduta e cairá em armadilha mortal" (Provérbios 22:24-25).

Além disso, aprenda a avaliar a situação, tentando colher todos os dados. É grande a quantidade de pessoas que explodem, com uma reação intempestiva, mesmo sem ter todas as informações confirmadas, sobre um problema. Muitas delas ficam envergonhadas com tais atitudes, quando logo a seguir os fatos trazem outras informações que as esclarecem, provando que aquela explosão foi desnecessária.

A ira também pode ser prevenida com a construção de uma boa autoestima. Existem aqueles que se sentem atacados, mesmo quando as outras pessoas não tentaram atingi-las. Isso acontece quando a autoestima está tão baixa que há uma fixação de *perseguição imaginária*. Não é real, mas a pessoa se sente menosprezada e parte para uma reação nervosa como autodefesa.

Um importante passo a seguir será evitar remoer os sentimentos negativos. Rememorar repetidamente situações estressantes não trará saúde nem para a sua mente, nem para os seus relacionamentos. Assim, vire essa página no livro de sua vida e escreva um novo e bonito capítulo. Não permita que o passado paralise suas ações. Faça *você* aquilo que é certo diante de Deus e dos homens. Daqui para frente, deixe que o erro da outra pessoa seja acertado entre Deus e ela.

Aprenda a discordar por meio de uma comunicação equilibrada. Pessoas concordam em muitas situações, mas é perfeitamente normal pensarem de maneira diferente algumas vezes. Não devemos nos sentir atacados pessoalmente quando não concordam com algumas de nossas ideias. Crescemos como seres humanos quando discordamos civilizadamente, respeitando o pensamento alheio.

Para concluir, sugerimos que o irado se submeta ao controle do Espírito Santo. Ao sentir que está se irando com muita frequência, a primeira coisa a fazer é buscar a Deus e perguntar o que há de errado. Em alguns casos, o Espírito Santo vai convencê-lo do que deve ser mudado. Outras vezes, o Senhor poderá usar pessoas para ajudá-lo, como conselheiros, amigos e até profissionais de saúde. Existem casos de ira que se tornam tão frequentes, que precisam de avaliação e acompanhamento médico. Podem ser sintomas de algum transtorno psicológico, somente detectado por um especialista. Lembre-se: a sabedoria e a compaixão divina também podem chegar até nós pelas mãos de um médico ou psicólogo.

ANALISANDO O EXEMPLO DE CAIM

A história do assassinato de Abel por seu irmão Caim é bem-conhecida. Quando procuramos entender o que aconteceu, por meio do comportamento daquele que cometeu o crime, identificamos alguns traços comuns a pessoas iradas através dos tempos. Caim era o filho mais velho e pode ter ocorrido o que é comum nesses casos: ele se ressentiu com a divisão de atenções de seus pais quando nasceu seu irmão caçula, Abel, o que pode ter se estendido durante toda infância.

Ao crescer, os irmãos buscam atividades diferentes, possivelmente explorando cada um as suas maiores habilidades: Caim se tornou agricultor e Abel, um criador e pastor de ovelhas (ver Gênesis 4:2). Passados alguns anos, os irmãos decidem levar uma oferta a Deus. É bem provável que sua intenção fosse agradecer a ele tanto pela boa colheita quanto pelas ovelhas sadias que ajudavam a alimentar sua família.

Os versos 3 e 4 de Gênesis 4 nos mostram a diferença de atitude dos irmãos em relação às oferendas levadas: "Caim trouxe do fruto da terra uma oferta ao SENHOR. Abel, por sua vez, trouxe as partes gordas das primeiras crias do seu rebanho." Caim trouxe apenas *uma oferta*, algo comum. Talvez igual à que teria dado à sua mãe ou ao seu pai, como um presente. Abel fez algo especial. Procurou o que havia de melhor dentre as ovelhas que pastoreava.

Escolheu e pensou: "Esta é uma oferta apropriada para alguém tão especial!"

Possivelmente, o relacionamento que Caim desenvolvia com o Senhor era apenas formal. Abel demonstrou uma intimidade maior com o Criador. O Deus que olha a intenção dos corações, muito mais que as ofertas, aceitou a dádiva de Abel e não a de Caim. Abateu-se sobre este último a inveja pelo sucesso de seu irmão. Manifesta-se em sua face uma ira extremamente negativa: "Caim se enfureceu e o seu rosto se transtornou" (Gênesis 4:5).

O desejo de vingança aparece e não é contido: "Disse, porém, Caim a seu irmão Abel: 'Vamos para o campo.' Quando estavam lá, Caim atacou seu irmão Abel e o matou" (Gênesis 4:8). Ao ser confrontado por Deus, torna-se mentiroso e sarcástico, tentando enganar o Senhor: "Então o SENHOR pergunta a Caim: 'Onde está seu irmão Abel?' Respondeu ele: 'Não sei; sou eu o responsável por meu irmão?'" (Gênesis 4:9)

Deus lhe revela que tudo sabe e que o sangue de seu irmão "clama da terra contra ele". O Senhor lhe dá uma punição que teria de levar por toda a sua vida. Ao ouvi-la, Caim se faz de vítima: "Meu castigo é maior do que eu posso suportar" (Gênesis 4:13).

A maneira como o Criador trata o problema entre os irmãos desde antes do assassinato também merece referência. Ele dá alguns recados a Caim, como quando lhe pergunta: "Por que você está furioso? Por que se transtornou o seu rosto?" (Gênesis 4:6) Note que Deus não pergunta "se" ele está irado, ele afirma isso e lhe pergunta qual é o motivo central daquela ira. O Senhor também afirma que havia um meio para que Caim fosse aceito, da mesma maneira como Abel havia sido: agir corretamente e fazer o que era certo! "Se você fizer o bem, não será aceito? Mas se não o fizer, saiba que o pecado o ameaça à porta; ele deseja conquistá-lo, mas você deve dominá-lo" (Gênesis 4:7). Deus informa que o desejo de pecar era uma ameaça que tentaria cativar o seu coração. No entanto, a responsabilidade de dominar esse mal cabe a cada ser humano. Caim não deu ouvido ao Senhor e deixou-se envolver pela ira, pela inveja e pelo desejo de vingança. Como consequência, tornou-se um criminoso dos mais famosos e conhecidos em todos os tempos.

O autor do livro de Hebreus afirma que, em Abel, Deus encontrou fé: "Pela fé Abel ofereceu a Deus um sacrifício superior ao de Caim. Pela fé ele foi reconhecido como justo, quando Deus aprovou as suas ofertas. Embora esteja morto, por meio da fé ainda fala" (Hebreus 11:4).

Nesse sentido, o apóstolo Paulo confirma a maneira como todos nós devemos agir:

> Não retribuam a ninguém mal por mal. Procurem fazer o que é correto aos olhos de todos. Façam todo o possível para viver em paz com todos. Amados, nunca procurem vingar-se, mas deixem com Deus a ira, pois está escrito: "Minha é a vingança; eu retribuirei", diz o Senhor. Pelo contrário: "Se o seu inimigo tiver fome, dê-lhe de comer; se tiver sede, dê-lhe de beber. Fazendo isso, você amontoará brasas vivas sobre a cabeça dele." Não se deixem vencer pelo mal, mas vençam o mal com o bem. (Romanos 12:17-21)

A ira é um sentimento como a alegria, a tristeza ou o medo. Cada um deles tem seu aspecto negativo e positivo. Alegria demais é euforia. Muita tristeza leva à depressão. Um pouco de medo é prevenção; demais, é fobia. A ira controlada traz benefícios. O mau uso da ira é o descontrole que nos faz pecar e adoecer. Cumpre a cada um a responsabilidade de fazer bom uso dessa emoção.

Examine-se e responda com sinceridade:

- Como você tem lidado com sua ira?
- Tem conseguido se controlar de maneira saudável?
- Reprime seus sentimentos de raiva?

- Age de maneira hostil e tem explosões de temperamento?
- Considera que a ira que sente é culpa de outras pessoas?
- Coloca culpa em si mesmo por sentir ira e não conseguir se controlar?
- É ciente que o controle da sua ira é uma responsabilidade sua?
- As pessoas que estão à sua volta se sentem bem com você ou vivem "pisando em ovos", por não saberem como estará seu humor?
- Uma atitude ou uma palavra mal-empregada é capaz de tirá-lo do sério ou deixá-lo de mau humor?
- Você costuma demonstrar sua ira com palavras hostis, ironia, sarcasmo, ofensas ou gritos?

O controle da ira é fundamental para o equilíbrio emocional. É preciso zelar por essa estabilidade em nossa vida. Reconhecer a nossa dificuldade, sem minimizá-la ou alterá-la é o primeiro passo para a cura. Assim como Deus falou a Caim sobre sua ira, ele hoje também nos exorta: "[...] Saiba que o pecado o ameaça à porta; ele deseja conquistá-lo, mas você deve dominá-lo" (Gênesis 4:7). Como acontece com qualquer sentimento, devemos dominar a ira e não sermos dominados por ela.

A percepção de como agimos em relação à ira é fundamental para seu uso correto. Um bom teste para saber se está lidando bem com esse sentimento é perguntar a alguém de sua confiança sobre a avaliação que essa pessoa pode fazer sobre seu equilíbrio emocional. Caso consiga aguardar a resposta calmamente, parabéns! Já começou bem o teste. Está conseguindo lidar positivamente com sua ira. Mas se você começar a ficar inquieto quanto à indecisão da pessoa em responder, comece a lutar pelo seu equilíbrio emocional. Ore a Deus e busque ajuda!

Deus nos criou com capacidade de sentirmos emoções: amor, ira, repugnância, medo, culpa, alegria, exaltação e outros sentimentos. As emoções representam uma parte importantíssima dos acontecimentos mais nobres e úteis do homem, mas também contribuem para os atos mais trágicos de sua vida. (Paul Hoff, em O *pastor como conselheiro* [Ed. Vida])

Capítulo 8

É preciso perdoar

A importância do perdão foi minimizada através dos tempos, principalmente na cultura ocidental, que o relacionou por muito tempo apenas a questões de fé e religião. Valoriza-se mais a *autonomia* do indivíduo do que a vida *comunitária*, como um conceito de que "importa apenas o que eu penso", e também a ideia de que quem tem mais poder prevalece. Há mais interesse pela *conduta* do que pelo *caráter*. Acentua-se muito mais o *progresso a qualquer preço*, do que o *desenvolvimento responsável*.

Na prática, o perdão vem se transformando em um valor marginalizado da convivência humana. Por isso, o mundo atual sofre com as consequências desses conceitos e está redescobrindo a necessidade de vivenciar o perdão em suas várias dimensões. Grande é a quantidade de profissionais de psicologia, em diversos países, que passaram a incluir em suas terapias a temática do perdão, devido às necessidades emergenciais de seus clientes.

O bispo anglicano sul-africano Desmond Tutu recebeu o Prêmio Nobel da Paz por sua luta contra o racismo em seu país.

Juntamente com Nelson Mandela, Tutu foi responsável por salvar a nação de uma sangrenta guerra civil. A maioria negra foi oprimida, humilhada e subjugada, por dezenas de anos, pela minoria branca, que detinha o poder pela força das armas. Esses dois homens foram representantes emblemáticos daqueles que buscaram o caminho do entendimento e da paz.

Tutu afirma em uma de suas mensagens: "Sem perdão não há futuro. Sem perdão, o ressentimento cresce em nosso interior, transformando-se em hostilidade e raiva. O ódio consome nosso bem-estar e por isso o perdão é um valor necessário para a continuação da existência humana. O mundo está à beira de um desastre se não perdoarmos, aceitarmos o perdão e nos reconciliarmos." Essa não é uma verdade válida apenas para a África do Sul, mas uma realidade para todos os seres humanos em qualquer região do mundo.

APRENDIZADO QUE PRODUZ SERES HUMANOS MELHORES

No entanto, perdoar não é fácil. Há pessoas que já começam a sofrer só de pensar em voltar a se encontrar com quem tiveram problemas, imaginem pedir perdão (ou perdoar). Por toda a nossa vida, esbarraremos em situações difíceis, algumas delas nunca imaginamos que poderíamos passar. Precisamos nos dispor a enfrentá-las e superá-las porque, enquanto vivenciamos tais circunstâncias, nós amadurecemos e aprendemos que não se deve desanimar diante dos problemas. Crescemos com as situações que passamos.

Assim também acontece com relação a aprender a perdoar. Existem momentos em que isso nos parecerá impossível. Mas, ao encararmos a necessidade de perdoar, como Deus descreveu na Bíblia, percebemos que o próprio Espírito Santo nos ajudará nesse processo. A prática de perdoar será um princípio que trará saúde para nós mesmos e para quem convive conosco. As dificuldades na área do perdão se estendem a diversas situações e ambientes, em cenas comuns que envolvam colegas de trabalho, o trânsito diário ou nossos familiares.

Imagine o caso de um vendedor que passou vários dias preparando uma venda muito grande para um cliente: sucessivas visitas, almoços, encontros, telefonemas. Até que no momento de fechar a venda, um esperto colega de trabalho a conclui e pega para si toda a comissão. Além disso, ele ganha uma promoção, elogios e honrarias, como "funcionário do mês", enquanto aquele que trabalhou duro por muitos dias sequer é lembrado. Os dias passam e o que perdeu a venda tem de chegar toda manhã e dizer bom-dia ao colega aproveitador, que, por sua vez, mantém uma postura sarcástica. Perdoar uma pessoa assim é demais para nós!

Desavenças no trânsito também são difíceis de engolir com toda a tensão que as pessoas passam nas grandes cidades. São centenas de carros andando lado a lado, em estreitos espaços de ruas e avenidas. Muitos motoristas estão atentos ao próprio carro e à distância dos outros carros. Mas há motoristas irresponsáveis, que forçam ultrapassagens, não respeitam a sinalização ou acostamentos. Nesse momento, é muito difícil relevar e não tentar revidar.

Agora pense em sua família. Como é difícil um filho adolescente perdoar um pai que foi injusto, humilhando-o perante seus melhores amigos. Já os pais ficam profundamente decepcionados com a atitude insana dos filhos. Tantos anos ensinando o que é o certo, sacrificando-se para lhes dar uma boa escola, mostrar valores corretos, investindo tempo, amor e lágrimas, preparando-os para serem pessoas dignas na sociedade. Esses pais também terão dificuldades em perdoar seus filhos.

As brigas entre cônjuges são extremamente comuns e podem trazer marcas, más recordações e muitas dificuldades em perdoar! Para alguns, esquivar-se e não tratar do problema parece ser sempre o melhor caminho. Tantas são as áreas em que somos confrontados a perdoar (ou pedir perdão) que, aqueles que enfrentam e equacionam positivamente tais conflitos, são valorizados como se fossem *grandes sábios*. No entanto, só fazem aquilo que todos deveriam estar fazendo.

CONSEQUÊNCIAS DA FALTA DO PERDÃO

Vários especialistas em terapia familiar, e entre eles o notável escritor e psicólogo Jorge Maldonado, consideram que o perdão é tão necessário que pode ser considerado uma das características mais importantes para determinar se uma família é realmente saudável. Os desentendimentos muitas vezes são inevitáveis. Mas a maneira com que essas pessoas "voltam às boas", se acertam e se perdoam mutuamente demonstra se existe "saúde" nesses relacionamentos.

Infelizmente, muitas são as famílias que fracassaram no diálogo e no perdão, com maridos e esposas tendo dificuldades em se perdoar, filhos e pais não se entendendo, parentes que não frequentam o mesmo ambiente que outros etc. As atitudes de perdoar e de pedir perdão são *vitais* para o ser humano. Sua ausência produz consequências como:

- *Distanciamento entre as pessoas envolvidas*: é comum ficarmos constrangidos, quando estamos na presença de alguém com quem tivemos uma desavença. Não desejamos conversar com a pessoa e temos dificuldade até mesmo em olhar nos olhos dela. Dizem que é de Leonardo da Vinci a frase: "os olhos são as janelas da alma". Na cultura indígena, por exemplo, é costume "olhar no fundo dos olhos" para identificar se alguém está falando a verdade ou não. Quando existe a falta de perdão, é frequente a dificuldade em conseguir até mesmo olhar para a pessoa com quem se teve o problema.
- *Aprofundamento de mágoas*: a mágoa pode surgir, algumas vezes, em razão de atitudes insignificantes ou de palavras que não foram bem-compreendidas, os chamados mal-

-entendidos. Pequenos problemas de comunicação que, se fossem rapidamente esclarecidos com a prática do diálogo e tendo mais detalhes sobre algo que não foi interpretado corretamente, não teriam grandes consequências. Quando não são resolvidos, entendemos o que foi dito de maneira errada e fechamos a comunicação com o outro, criando desconfianças quase sempre sem fundamento.

- *Raízes de amargura*: após a implantação da mágoa em nosso coração, a consequência natural é torná-la como uma daquelas raízes de árvores, que ficam próximas às calçadas das ruas. Elas crescem e crescem até arrebentar a calçada de concreto, com uma força incrível. A mágoa dentro de nós também é assim. Cresce, cresce e nos deixa mais amargos e azedos. A Carta aos Hebreus trata desta imagem: "Que nenhuma raiz de amargura brote e cause perturbação, contaminando muitos" (Hebreus 12:15). Os estragos começam em nós, mas atingem outras pessoas, como os demais membros da família e os amigos, que ficam indecisos sobre que "lado" escolher. Se essas pessoas fizerem parte de uma só família, um grupo não suportará o outro. Se forem parte de um ministério, um grupo deixará a comunidade para formar outro. Daí a necessidade do perdão.
- *Doenças psicossomáticas*: quando não há entendimento, a amargura aumenta e produz efeitos danosos em nossa mente e em nosso corpo. Então começam a aparecer dores que, mesmo sendo estudadas por especialistas, são inexplicáveis. Quando se procura o médico com uma queixa e os exames pedidos por ele estão "normais", é quase certo que o profissional lhe dirá: "Você anda se estressando muito com alguma coisa ultimamente?" Se seu médico lhe disser isso, a intenção dele é lhe informar que você tem uma doença *psicossomática*, ou seja, algo que o

está perturbando, que começou em sua mente (*psique*, no grego), e está trazendo efeitos para o seu corpo (*soma*, no grego). O rei Davi, após seduzir Bate-Seba e de ser o responsável pela morte de seu marido, aborda esse assunto, traduzindo seu arrependimento em dois salmos bíblicos: o 32 e o 51. No salmo 32:3,5 ele diz: "Enquanto escondi os meus pecados, o meu corpo definhava de tanto gemer. [...] Então reconheci diante de ti o meu pecado e não encobri as minhas culpas. Eu disse: 'Confessarei as minhas transgressões ao SENHOR' e tu perdoaste a culpa do meu pecado."

O QUE A BÍBLIA DIZ SOBRE O PERDÃO

As Escrituras Sagradas mostram que o grande exemplo para que os homens perdoem uns aos outros foi dado pelo próprio Deus que, diante do *arrependimento* e da *confissão* sincera, através de Cristo, perdoou o ser humano de afrontas muito piores:

> Quem é comparável a ti, ó Deus, que perdoas o pecado e esqueces a transgressão do remanescente da sua herança? Tu que não permaneces irado para sempre, mas tens prazer em mostrar amor. De novo terás compaixão de nós; pisarás as nossas maldades e atirarás todos os nossos pecados nas profundezas do mar. (Miqueias 7:18-19)

Várias passagens mostram que devemos substituir antigos ressentimentos pelo espírito perdoador de Cristo:

> Livrem-se de toda a amargura, indignação e ira, gritaria e calúnia, bem como de toda a maldade. Sejam bondosos e compassivos uns para com os outros, perdoando-se mutuamente, assim como Deus perdoou vocês em Cristo. (Efésios 4:31-32)

JESUS NOS FEZ ALGUNS ALERTAS SOBRE O PERDÃO

Sendo o Messias aguardado, Jesus foi chamado de "Príncipe da Paz" na profecia de Isaías 9:6: "Ele será chamado Maravilhoso Conselheiro, Deus Poderoso, Pai Eterno, Príncipe da Paz." Um dos temas mais abordados nos três anos de ministério de Cristo foi a paz entre Deus e os homens, bem como a paz entre o homem e seus semelhantes. A ausência do perdão é uma das maiores razões para os desacertos entre os seres humanos, gerando brigas, discórdias e conflitos. Um dos alertas dados pelo Senhor foi feito em Mateus 5:9: "Bem-aventurados os pacificadores, pois serão chamados filhos de Deus." Isso significa que se você quer ser identificado como um verdadeiro cristão, deve promover a paz por onde andar. Seja pacífico e trabalhe a favor da paz. Aquele que perdoa quer pacificar.

Logo após ter ensinado aos discípulos a oração do Pai Nosso, Jesus faz mais um alerta — o fato de não conseguirmos perdoar outros seres humanos irá afetar o nosso relacionamento com Deus: "Mas se não perdoarem uns aos outros, o Pai celestial não lhes perdoará as ofensas" (Mateus 6:15).

Muitos entraves ao perdão, quando avaliados friamente, poderiam ter sido "relevados". Fossem eles tratados pacífica e equilibradamente, nunca chegariam a provocar mágoas. O apóstolo Paulo nos diz em Efésios 4:26: "Quando vocês ficarem irados, não pequem. Apaziguem a sua ira antes que o sol se ponha." Portanto, se resolvêssemos o motivo da ira antes de o dia terminar, não acumularíamos mágoas não resolvidas que se arrastam por toda uma vida.

CONSELHOS A QUEM VAI PERDOAR

1. Não negue a dor que está sentindo, mas afaste-se dos extremos: trazer a culpa toda para si ou colocar toda a culpa na outra pessoa. O objetivo não é menosprezar o que aconteceu. Houve um dano, uma perda, um mal que lhe causou dor. Seu sentimento foi real e difícil de suportar. No entanto, lembre-se de que, em qualquer problema entre duas pessoas, haverá uma parcela de culpa para cada lado. Alguém pode ser a vítima e outro pode ter 90% da culpa. Mesmo assim, a vítima muitas vezes reagiu mal, ofendeu ou revidou. A vítima também deverá assumir seus 10% de culpa e pedir perdão.

2. *Libere a ofensa. Apague a dívida.* É comum conhecermos pessoas que dizem ter perdoado alguém e, depois de um tempo, voltam atrás afirmando que ainda não conseguiram fazê-lo verdadeiramente. Jesus ensinou algo em Mateus 7:12, que ajudaria muitas pessoas a agirem melhor, perdoando definitivamente uma falta. Ele diz: "Assim, em tudo, façam aos outros o que vocês querem que eles lhes façam." Isso quer dizer que se você se colocasse "na pele" do ofensor, gostaria de ser perdoado se assim pedisse. Fazendo uma aplicação prática à frase de Jesus, é como se ele afirmasse: "Se nesta situação você gostaria de ser perdoado, perdoe também a quem lhe prejudicou e, arrependido, vem lhe pedir perdão. Aja com ele como gostaria que ele agisse com você." Quantas guerras seriam evitadas se os povos obedecessem ao que Cristo falou.

3. *Entregue a vingança a Deus e à autoridade humana estabelecida por ele.* Há pessoas que apresentam uma reação extremamente negativa contra quem lhes prejudicou. O ódio é tão grande que acham que só conseguirão aplacá-lo planejando uma vingança que cause a mesma dor ou até maior do que a que sofreu. Uma das grandes diferenças que o cristianismo aplicou diz respeito à maneira de tratar o desejo de vingança.

O apóstolo Paulo afirma na Carta aos Romanos: "Amados, nunca procurem vingar-se, mas deixem com Deus a ira, pois está escrito: 'Minha é a vingança; eu retribuirei', diz o Senhor" (Romanos 12:19-20). Os cristãos daquela época teriam todos os motivos do mundo para se vingarem das crueldades do Império Romano contra eles. Muitos morreram, mas hoje, em Roma, existe uma capital que é símbolo do cristianismo. Quem você acha que ganhou essa guerra? Deus quer que deixemos a vingança com ele. Justamente porque ele tem caminhos e saídas que o nosso ódio não permite encontrar.

4. *Corra para Jesus e troque seu fardo com ele.* Cristo disse em Mateus 11:28-30: "Venham a mim, todos os que estão cansados e sobrecarregados, e eu lhes darei descanso. Tomem sobre vocês o meu jugo e aprendam de mim, pois sou manso e humilde de coração, e vocês encontrarão descanso para as suas almas. Pois o meu jugo é suave e o meu fardo é leve." Muitas são as pessoas que conservam mágoas antigas, como um "fardo pesado demais", e que estão absolutamente exaustas por mantê-las. Ano após ano, arrastam o problema sem encará-lo e tratá-lo. É preciso pedir a graça e o poder de Cristo para perdoar. Se nosso "fardo" está pesado, precisamos correr para a cruz de Cristo e "trocar de fardo" com ele.

Na prática, Cristo tratará do nosso problema (nosso fardo) e nos ajudará a administrá-lo. Deus iniciará um maravilhoso processo junto a você e a pessoa que lhe magoou. Com relação a esta, o Senhor irá cercá-la de situações que a lembrarão o problema que vocês tiveram, preparando seu coração para um momento de reparação. Já o magoado será preenchido pela paz de Deus, que fornecerá a segurança necessária para o momento em que houver uma confrontação. Então, o amor e a sabedoria de Deus invadirão o coração magoado para que se possa perdoar com sucesso.

Por outro lado, caso haja uma confrontação e o seu pedido de perdão tenha sido rejeitado, tranquilize o seu coração. Diante de Deus você fez a sua parte. O Senhor continuará trabalhando no coração do outro, mas cada um tem seu "ritmo" e tempo de assimilar as coisas. No entanto, da parte de Deus, ele estará feliz com a sua atitude e sua reação será como a do servo da passagem de Mateus: "Muito bem, servo bom e fiel! Você foi fiel no pouco; eu o porei sobre o muito. Venha e participe da alegria do seu senhor!" (Mateus 25:23).

Existe alguém a ser perdoado ou alguém a quem tenhamos de pedir perdão? Deus nos ajudará a fazê-lo, trabalhando em nós "tanto o querer (perdoar), quanto o realizar" (Filipenses 2:13).

Casos reais da justiça de Deus

Lembro-me de uma história que aconteceu em São Caetano, São Paulo, dia 31/10/1983, quando uma jovem senhora com uma criança nos braços foi pagar uma conta em um banco. Era uma época em que não havia filas especiais e nem mesmo aquelas portas rotatórias à entrada dos bancos, com detectores de metal. Enquanto ela esperava para ser atendida, no meio de uma grande quantidade de pessoas, um grupo de bandidos armados entrou para assaltar a agência. Eles estavam bastante agitados e gritavam muito, visivelmente dispostos a tudo para conseguirem o que queriam. Mandaram que todos permanecessem no chão, sem levantar a cabeça.

Diante de tantos gritos e empurrões, a criança assustada começou a chorar descontroladamente. Um dos bandidos ordenou que a mãe a fizesse parar de chorar, mas ela não conseguiu. O assaltante insistiu: "Faça ela calar a boca ou vai morrer!" A mãe desesperada tentou acalmar a criança, que chorava cada vez mais alto. O bandido agitado apontou a arma para a cabeça da criança no colo da mãe e disparou o gatilho. A bala varou a cabeça da criança e acertou o coração da mãe. Uma bala tirou duas vidas.

Após a chegada da polícia e a fuga dos bandidos, o pai daquela criança, que estava trabalhando, foi chamado e veio imediatamente. Quando entrou no banco e viu sua família morta, desabou em choro incontido. Amparado por policiais, foi saindo em direção à rua onde estava uma multidão de repórteres e outros curiosos. O repórter de uma emissora de tevê se aproximou e perguntou, como de hábito: "Como o senhor se sente nesse momento?" O homem reuniu forças e, chorando, respondeu que não havia como avaliar a tristeza em seu coração, diante daquela tragédia. Mas afirmou que perdoava o assassino de sua esposa e filha. Só conseguia perdoá-lo porque um dia havia entregue seu coração a Jesus. E como um verdadeiro cristão, gostaria que um dia esse marginal também entregasse sua vida a Cristo, pois assim pararia de fazer maldades como a que fez. Isso mudaria completamente o rumo de sua vida.

A fala desse homem foi retransmitida por várias redes de tevê e em uma de suas muitas repetições, ela foi ouvida pelo bandido, que deve ter pensado: "De que mundo é esse crente? Eu mato a família dele e ele ainda diz que me perdoa?" Tempos depois, o bandido foi preso e cumpriu uma pena de vários anos. Na penitenciária onde ficou, foi evangelizado, converteu-se e foi discipulado biblicamente. Hoje já está fora da cadeia: é um evangelista que está ganhando centenas de pessoas, arrancando-as das drogas e do crime, testemunhando o poder transformador que só Jesus Cristo pode operar. Seu nome é José Paulo Ventura. (Relatado no livro *Das trevas para luz: a conversão de Paulinho Bang Bang*.)

Corrie ten Boom (1892-1983) foi uma holandesa cristã que viu seu país ser invadido pelos nazistas durante a Segunda Guerra Mundial e negou-se a entregar judeus para a tortura dos campos de concentração. Salvou a vida de muitos deles ao escondê-los dos soldados alemães na própria casa. Foi presa e levada com toda a sua família para um campo de prisioneiros na Alemanha. Toda a sua família foi morta e apenas ela sobreviveu.

Com o fim da guerra, em uma viagem, Corrie encontrou com um dos soldados mais cruéis do campo em que estivera presa. Ele havia sido um dos responsáveis pela morte de sua irmã. Disse ele: "Muito obrigado por sua mensagem. E pensar que como a senhora disse, Jesus apagou todos os meus pecados", e estendeu sua mão para cumprimentá-la. Segundo Corrie, muitas coisas vieram à sua mente naquele momento, mas buscando a presença de Deus, pensou: "Cristo morreu por este homem; posso exigir mais? Senhor, não consigo perdoá-lo. Dá-me o teu perdão". Assim que apertou a mão dele, foi invadida como nunca ocorrera antes pelo grande amor de Deus. Não trocaram palavras, mas aquele gesto era como se dissesse: "Se Deus o perdoou, eu não posso condená-lo. Vá em paz!". Corrie disse que encontrou com várias vítimas da brutalidade nazista e os que mais facilmente perdoaram foram os que conseguiram reconstruir suas vidas. A vingança feita por Deus recupera pessoas; a dos homens, apenas dá continuidade ao ódio. (Relatado no livro *Refúgio secreto*.)

DESCULPAS PARA NÃO PEDIR PERDÃO

Usamos vários mecanismos de defesa na forma de argumentos para não encontrarmos com quem nos magoou. E como existem desculpas "criativas"! Em seu livro *Consciência limpa: o lugar da confissão e do perdão na vida cristã*, Guilherme Kerr Neto fornece uma lista de desculpas, a qual tomamos como base. Uma atitude reconciliadora revela amadurecimento, o que facilita a prática do perdão.

- *A ofensa foi pequena demais*: minimizar ou desprezar o problema não é a solução, pois a realidade é que você se lembra constantemente do que aconteceu. Esse mecanismo de defesa é muito usado, mas geralmente acaba em "explosão emocional", pois se acumula uma série de pequenas dificuldades não tratadas ou deixadas de lado, até que seus efeitos vêm à tona, todos de uma vez só. É melhor remediar o quanto antes.

- *Ninguém se lembra mais; aconteceu há muito tempo*: você se lembra e Deus também; e isso basta. A verdade é que o tempo não cura nossas feridas. Perdoar ou pedir perdão é uma decisão a ser tomada. Foi assim que Jacó agiu em relação a seu irmão Esaú. Na juventude, Jacó havia enganado seu pai, Isaque, conseguindo um benefício que era de seu irmão por direito. Os dois brigaram e Esaú só não matou Jacó porque este conseguiu fugir. Muitos anos se passaram e Jacó, arrependido, decidiu voltar. Humilhado e chorando, pediu perdão e acertou-se com Esaú (ver Gênesis 33:1-4).
- *O outro estava mais errado que eu*: de certa maneira, já tratamos desse tipo de atitude em alguns parágrafos anteriormente. O Senhor quer que façamos o acerto da *nossa* parte do problema. Mesmo que sua parcela de erro seja menor, você contribuiu para o que aconteceu e por isso deve pedir perdão. Não se preocupe com a parcela de erro da outra pessoa, pois "cada um de nós prestará contas de si mesmo a Deus" (Romanos 14:12).
- *As coisas tem melhorado entre nós*: você só está adiando a solução do problema, pois se não é tratada a base, a raiz, essa será uma reconciliação superficial, contando possivelmente com uma boa dose de falsidade. Sempre existirá a possibilidade, no futuro, de novas acusações serem levadas à tona.
- *Não adianta, não vão me entender*: essa possibilidade existe, mas, quando estamos verdadeiramente arrependidos e somos honestos e humildes ao reconhecer o que houve, em geral, após um primeiro momento de choque e decepção, há o início do caminho para o perdão. Algumas

perdas serão inevitáveis, mas sua consciência poderá finalmente ficar em paz.

- *Envolve um dinheiro que eu não tenho*: quando Jesus transforma uma vida, seus valores mudam. Até em relação ao uso do dinheiro. Lembre-se do caso de Zaqueu. Ele era um cobrador de impostos que se apropriava de parte do que arrecadava. A ação transformadora do evangelho em sua vida o levou a restituir a quem ele havia lesado (ver Lucas 19:8-9).
- *Não sei onde aquela pessoa está vivendo agora*: mas você pode tentar encontrá-la. Caso não consiga falar com ela pessoalmente, tente por telefone, e-mail etc. Faça a sua parte. Se não conseguir, ore colocando diante do Senhor a sua disposição de acertar o problema o mais rápido possível. Muitas vezes, Deus age sobrenaturalmente, fazendo com que a encontremos quando menos esperamos.
- *Estou esperando a hora certa*: adiar a solução do problema só vai piorar a situação. A Bíblia, em Hebreus 3:7-8, diz: "Assim, como diz o Espírito Santo: 'Hoje, se vocês ouvirem a sua voz, não endureçam o coração.'" O tempo de ouvir a ordem de Deus é hoje! Não podemos continuar com o coração endurecido! Lembre-se do ditado: "Não deixe para amanhã o que pode fazer hoje."
- *Nunca mais farei isso*: comprometer-se em não agir como antes não cura as marcas deixadas pelo que já se fez. Disposição de melhorar não limpa a consciência, não alivia a culpa, não resolve o pecado e não apaga a ofensa.

PASSOS PARA DESENVOLVER UM PEDIDO DE PERDÃO

1. Ore e peça a Deus para mostrar a quem você deve perdoar ou pedir perdão. Não importa quantas pessoas sejam: faça uma lista com os nomes e verifique como você pode encontrá-los para, no momento apropriado, conversar sobre o que houve entre vocês.

2. *Reflita sobre as palavras que vai usar.* O objetivo não é reviver o momento que causou a mágoa — a intenção é pedir perdão por sua parte no que aconteceu. Assim sendo, resuma o que tem a dizer. Uma boa sugestão seria: "Eu estava errado(a). Peço que você me perdoe. Você me perdoa?"

3. *Não envolva outras pessoas, a não ser que a ofensa tenha sido pública.* É muito fácil pessoas que nada têm com o caso reduzir seu pedido de perdão ao nível de uma "fofoca". Lembre-se do que orienta a passagem de Provérbios 25:9: "Procure resolver sua causa diretamente com o seu próximo, e não revele o segredo de outra pessoa."

4. *Não se justifique e não entre em detalhes.* O livro de Provérbios 10:19 (NTLH) declara: "Quanto mais você fala, mais perto está de pecar; se você é sábio, controle a sua língua." Ou seja: Não "enrole" e não queira se justificar. Resista à tentação de se defender, pois você está ali para pedir perdão.

5. *Desfrute de uma consciência limpa.* "Consciência limpa" é a imagem que uma pessoa que já perdoou a todos os que a ofenderam e que já pediu perdão a quem ofendeu tem ao deitar sua cabeça no travesseiro. Trata-se de uma prática insistentemente apontada na Bíblia:

- Atos 24:16: "Procuro conservar minha consciência limpa diante de Deus e dos homens."
- 2Coríntios 1:12: "Este é o nosso orgulho: a nossa consciência dá testemunho de que nos temos conduzido no mundo, especialmente em nosso relacionamento com vocês, com santidade e sinceridade provenientes de Deus, não de acordo com a sabedoria do mundo, mas de acordo com a graça de Deus."
- 1Timóteo 1:5: "O objetivo desta instrução é o amor que procede de um coração puro, de uma boa consciência e de uma fé sincera."

- 1Pedro 3:16: "Contudo, façam isso com mansidão e respeito, conservando boa consciência, de forma que os que falam maldosamente contra o bom procedimento de vocês, porque estão em Cristo, fiquem envergonhados de suas calúnias."

Amigo leitor, o perdão fará você desfrutar essa boa consciência descrita ao longo das Escrituras. Isso trará saúde para o seu corpo, para a sua alma e para o seu espírito; e melhorará seu relacionamento com as pessoas. Mostrará a importância de caminhar para o bom senso, o equilíbrio e o domínio próprio. Um mundo que vive a prática do perdão certamente terá menos crises, menos guerras e será muito mais saudável.

Capítulo 9

Resolvam seus conflitos

O casal que busca conhecer melhor a Deus anseia por vivenciar os princípios descritos na Bíblia. Caminhando e aprendendo com Jesus diariamente, marido e mulher terão suas atitudes transformadas aos poucos. Consequentemente, até o modo como vocês discutem ficará diferente. Suas divergências devem passar pelo caminho da exposição das ideias e do entendimento sobre o ponto de vista do outro.

No entanto, a realidade de muitos casamentos é bem diferente. As discussões são recheadas de agressões verbais, físicas e psicológicas. Quando se chega a este nível de comportamento, é necessário parar e retornar ao caminho do arrependimento, do diálogo e do perdão. Além disso, deve-se assumir o compromisso de abolir esse comportamento ofensivo no futuro. Podemos lidar com as nossas diferenças de maneira sadia, envolvendo diferentes modos de ver um problema. Como seres humanos distintos, os cônjuges podem perfeitamente divergir. O que precisam é aprender a conversar sobre suas divergências como pessoas maduras, e não como crianças que não suportam que discorde delas. Veremos a seguir algumas maneiras de discutir em alto nível.

EXISTE BASE BÍBLICA PARA BRIGAR?

É claro que se quisermos achar uma passagem nas Escrituras dizendo *não brigarás com seu cônjuge*, nunca iremos encontrar. Porém, existem textos que nos esclarecem sobre como devemos reagir, quando palavras ou atitudes más nos atingem:

- "Não retribuam a ninguém mal por mal. Procurem fazer o que é correto aos olhos de todos. Façam todo o possível para viver em paz com todos. Amados, nunca procurem vingar-se, mas deixem com Deus a ira [...]. 'Se o seu inimigo tiver fome, dê-lhe de comer [...]. Fazendo isso, você amontoará brasas vivas sobre a cabeça dele.' Não se deixem vencer pelo mal, mas vençam o mal com o bem" (Romanos 12:17-21). Essa passagem de Romanos 12 traz a ideia de não pagar o que lhe fizeram na mesma moeda, mas surpreender com a atitude de buscar a paz, retribuindo o mal com o bem. Essa estratégia da surpresa também é apresentada em Provérbios: "A resposta calma desvia a fúria, mas a palavra ríspida desperta a ira" (Provérbios 15:1).
- "Quando vocês ficarem irados, não pequem.' Apaziguem a sua ira antes que o sol se ponha (Efésios 4:26). O objetivo aqui é de não deixar terminar o dia sem ter resolvido o motivo da briga. O acúmulo de problemas não conversados e malresolvidos, ou mesmo daqueles que são adiados indefinidamente, tem sido o motivo da falta de saúde de muitos casamentos.

Algumas pessoas poderão dizer: "O quê? Resolver uma discussão no mesmo dia? É impossível acontecer na prática. Há dias em que preciso esfriar a cabeça por um longo tempo antes de poder conversar sobre o que aconteceu..." Durante muito tempo, eu, Sergio, também pensei assim. Mas algo aconteceu que me fez mudar de ideia. Ao terminar o curso de arquitetura, decidi estudar teologia para me tornar um pastor em tempo integral. Não tinha dúvidas de que Deus estava me convocando para esse desafio. Quando fui me inscrever na faculdade teológica, senti em meu coração o Senhor dizendo: "Ótimo que esteja animado para fazer o meu trabalho! Mas antes de fazê-lo, você precisa consertar algumas coisas em sua vida. Vá pedir perdão a quem você prejudicou. Da mesma maneira, perdoe as pessoas que lhe fizeram mal, causando mágoas que você traz até hoje." Respondi: "Senhor, o que tem a ver o meu desejo de servi-lo com eu ter de pedir perdão e perdoar?" Ao que ele me respondeu: "Com que autoridade você irá falar às minhas ovelhas? Para poder mandá-las se perdoarem mutuamente, você primeiramente deve ter perdoado a quem o prejudicou. Faça o seu dever de casa e terá moral alto para mandá-las fazerem o delas."

Fiz então uma lista de nomes com quem deveria encontrar para me acertar. Não era um número assombroso, mas uns cinco ou seis casos que perturbavam a minha consciência. Com algumas pessoas eu não tinha contato há anos! Mesmo assim, esforcei-me para arranjar os endereços ou telefones novos. Conversei com todos, seja pedindo perdão ou para dizer que os perdoava. Ao terminar de falar com a última pessoa, sentia-me leve. Parecia que haviam saído das minhas costas umas seis toneladas de peso. Estava tão bem, que parecia estar flutuando no espaço, como um astronauta pulando na Lua sem os efeitos da gravidade!

"Senhor, isso é bom demais! Nunca me senti tão leve na vida!" E pude ouvir de Deus: "Eu não fiz você para viver carregando seis toneladas de peso nas costas. Criei você para ficar leve, como está agora. Se você tivesse acertado os seus problemas com os outros antes, estaria desfrutando desta leveza há muito mais tempo!"

Depois disso eu fiz o propósito de tentar sempre acertar meus problemas com os outros antes de terminar o dia. Nessa época, Magali e eu éramos apenas namorados e a possibilidade de brigar era menor. Mas depois que nos casamos, as oportunidades de discutir e divergir sobre os problemas aumentaram tremendamente. Por várias vezes, brigávamos e passávamos o dia inteiro de cara virada um para o outro. À noite, quando íamos para a cama, trocávamos um frio boa-noite e virávamos para o outro lado. Então Deus me confrontava: "Levante já desta cama e vá conversar com ela! Você não se comprometeu comigo a resolver seus problemas antes de terminar o dia?" Depois disso, eu sentava na cama e dizia: "Magali, eu preciso falar com você. Não gostei do que aconteceu hoje...", e falava tudo o que precisava. Ela respondia e retrucava e, depois de mais ou menos meia hora de diálogo, nos acertávamos.

Nem sempre havia clima para beijinhos após as discussões, pois algumas situações eram mais tensas. Mas a certeza do perdão e a satisfação por termos nos acertado faziam com que dormíssemos realmente em paz. No dia seguinte, os beijos vinham em dobro e com um sabor muito melhor! Essa prática de resolver as questões no mesmo dia trouxe saúde para o nosso relacionamento. Talvez por isso pudemos comemorar trinta anos de casados com desejo de vivermos um com o outro pelo menos por mais trinta! Certamente houve diversos problemas que não conseguimos acertar no mesmo dia. Foram ocasiões em que o assunto era mais delicado ou a situação, mais tensa, e precisávamos de mais alguns dias para esfriar a cabeça. Aos poucos, voltávamos a conversar e nos acertar. Mas foram realmente exceções: no espaço de trinta anos, aconteceram umas dez vezes apenas. É uma boa média!

O problema é viver dessas exceções, o que faz com que, além de não experimentar o que a Palavra de Deus orienta, se acumule tensões, frustrações e decepções diárias, próprias desse modo de agir.

DEVEMOS ESCOLHER NOSSAS BATALHAS

Ninguém aguenta viver ao lado de pessoas que brigam a toda hora e por qualquer motivo, sejam eles homens ou mulheres. Até a Bíblia nos alerta sobre isso: "É melhor morar no fundo do quintal, do que dentro de casa com uma mulher briguenta" (Provérbios 21:9 NTLH). "Ao servo do Senhor não convém brigar mas, sim, ser amável para com todos, apto para ensinar, paciente" (2Timóteo 2:24). Há pessoas que discutem por pequenas bobagens. Isso promove um desgaste emocional desnecessário. Conhecemos um casal que se desentendia por causa da posição do rolo de papel higiênico: o marido queria que a folha caísse por cima do rolo e a esposa não se incomodava com isso. Outro casal discutia porque um deles sempre se esquecia de tampar a pasta de dente. Assim, o casamento se tornará um tormento.

Precisamos selecionar bem as batalhas que devemos lutar. Devemos discutir assuntos que sejam vitais à família, como:

- *Valores éticos*: se um dos cônjuges, por exemplo, está querendo fazer algo questionável ou ilegal, vale a pena discutir, pois a ação de um deles poderá ter consequências para toda a família.
- *Valores morais*: a suspeita de alguma infidelidade, a discordância sobre o comportamento ou o discurso de um dos cônjuges também são motivos justificáveis para uma boa conversa.
- *Criação de filhos*: um cônjuge considera importante dar limites às crianças e outro quer que eles não tenham a mesma repressão que seus pais lhe impuseram no passado. A conversa desses pais deve levar a um acordo.
- *Assuntos diversos*: temas que o casal julgue ser extremamente importantes. Eles devem ser discutidos de maneira madura para que cheguem a um acordo. Alguns problemas, no entanto, devem ser minimizados, deixados de lado,

relevados. Para decidir quando você deve fazer isso, vamos sugerir um procedimento.

- **1ª etapa — ouvir**: o marido (ou a esposa) falou algo que o outro não gostou, deixando-o tremendamente irritado.
- **2ª etapa — analisar**: antes de explodir com o parceiro, tome a atitude de pensar: "Por que ele(a) está falando assim comigo?" Muitas vezes você percebe alguma razão, como estar preocupado com uma possibilidade de demissão na empresa, por exemplo.
- **3ª etapa — decidir**: feita a análise da etapa anterior, temos condições de chegar a uma conclusão sobre o que fazer com o assunto em questão:

  - RELEVAR: perdoe! Todos nós passamos por momentos difíceis e falamos ou agimos de modo a nos arrepender depois. Se o outro está em uma situação infeliz, a colaboração que você pode dar agora é não permitir que ele se estresse com mais um problema.
  - NÃO RELEVAR: caso tenha ocorrido a mágoa, então esse é um caso para ser conversado, se possível, antes de terminar o dia, como já foi mencionado. Não há como relevar o problema. Entretanto, muitas das situações podem e devem ser relevadas ou minimizadas, pelo bem do casal.

Quando o assunto for crucial, vale a pena discutir, mas isso deve acontecer em alto nível. Nossas conversas podem ser *positivas* (quando as resolvemos por meio do diálogo) ou *negativas* (quando nivelamos para baixo a nossa comunicação). Caso venham a "brigar", cuidado: controlem suas explosões e lembrem-se que depois terão de pedir perdão. Assim, quanto maior for o descontrole, maior será a humilhação para se desculpar depois.

REGRAS PARA UMA DISCUSSÃO EM ALTO NÍVEL

Precisamos caminhar, gradativamente, para um comportamento maduro, impondo algumas regras para a discussão de nossas divergências. Será que seus problemas conjugais estão sendo resolvidos como em uma briga de rua em que vale tudo, desde puxão de cabelo a xingamentos escabrosos? Vamos sugerir alguns princípios para que as brigas do casal tenham um nível mais elevado:

1. Não use a estratégia de "dar um gelo" no outro

Alguns casais já começam suas discussões logo que acordam e vão se estranhando no decorrer do dia. É comum um dos cônjuges se manter em silêncio, "dando um gelo" no outro, para manifestar sua raiva e seu descontentamento. Essa atitude raramente tem o resultado que se espera e acaba por complicar a situação que já não está boa. O objetivo desse comportamento é ferir ou frustrar o outro com desprezo e humilhação. Alguns usam o silêncio como uma barganha, dizendo: "Se não fizer o que eu quero, não volto a falar com você." Isso nada mais é que chantagem.

A primeira regra para discutir em alto nível é se afastar desse modo de agir. Havendo acordo sobre esse princípio, o entendimento fica mais fácil. Vocês só conseguirão se acertar quando ouvirem o ponto de vista um do outro. Ao usar a prática do silêncio, o conflito nunca será resolvido.

2. Não acumule irritação

As discordâncias devem ser acertadas à medida que surgem. Casais que mascaram seus sentimentos e deixam o sofrimento crescer e se acumular poderão presenciar vexames e explosões inesquecíveis. Uma resposta irônica ou rude a uma pergunta simples, tanto da parte do marido quanto da mulher, pode ser um indício de que o cônjuge está acumulando irritação.

O ser humano tem seus limites e eles precisam ser respeitados. Quando deixamos acumular aquilo que precisa ser acertado, bombardeamos nosso próprio corpo com os efeitos maléficos daquilo que nos perturba. Segurar a ira indefinidamente sem esclarecer os problemas poderá gerar doenças psicossomáticas, das quais já tratamos anteriormente, como problemas de coração, derrames cerebrais, úlceras gástricas etc. Essas são algumas das consequências de não agirmos preventivamente, acertando nossas diferenças uma a uma, à medida que forem surgindo.

3. Cuidado com o lugar em que vai ter a discussão

Alguns casais não têm o menor problema em brigar na frente dos outros. Podem estar andando na rua ou em um ambiente fechado, não tem diferença: gritam como se não houvesse ninguém por perto. Ao serem alertados sobre o ocorrido por amigos próximos, eles respondem: "Ninguém tem nada com a minha vida!" Essa justificativa é um engano, pois as discussões conjugais são coisas íntimas e devem ser acertadas particularmente, nunca em público. Os efeitos da briga afetam quem está perto — muitas vezes, os filhos do casal.

Os psicólogos dizem que até os cinco primeiros anos de vida de uma criança, ela está formando a base de sustentação para o seu caráter. Agora, imagine aquele menino que cresce presenciando as brigas dos pais. Em sua mente infantil, ele pensa: "Olha, o papai deu um tapão na orelha da mamãe! Xiii, agora é a mamãe que empurrou o papai da escada!" Como vocês acham que essa criança agirá daqui por diante? Certamente ela copiará as atitudes de seus pais. É muito provável que nos próximos meses esses pais sejam chamados pela diretora da escola para uma conversa sobre o comportamento de seu filho.

É preciso escolher bem o momento e o lugar em que vamos discutir nossas divergências. Se você já analisou o problema e viu que ele não pode ser relevado, será realmente necessária a conversa entre o casal. Assim, verifique o melhor dia e um horário apropriado para esse encontro.

O local, de preferência, deverá ser em sua casa, sem os filhos por perto: deixe-os brincando com um amigo ou parente enquanto vocês conversam. Desliguem o telefone e o celular para não serem interrompidos. Entrem no quarto e fechem a porta e talvez até as janelas, para que o som não escape. Mantenham um volume de voz que não possa ser ouvido pelos seus vizinhos — eles não precisam saber de suas brigas. No futuro, dificilmente essas pessoas irão querer frequentar os mesmos lugares que vocês, inclusive a mesma igreja, já que duvidarão das coisas boas que Deus possa fazer na vida do casal.

4. *Esqueça os ataques pessoais e volte ao problema*

Podemos discordar de ideias sem rejeitar ou humilhar as pessoas que as evocam. Entretanto, é tão comum assistirmos a discussões conjugais com ofensas mútuas, como: "Só uma pessoa ignorante como você para ter uma opinião dessas!" Ou seja, não apenas se está discordando da opinião do outro, mas também o está humilhando ao chamá-lo de ignorante.

Não há explicação justificável para esse baixo nível de tratamento. Quem está ofendendo seu parceiro gostaria de ser ofendido assim por alguém? Certamente, não. Precisamos lembrar o que disse Jesus no sermão da montanha: "Assim, em tudo, façam aos outros o que vocês querem que eles lhes façam" (Mateus 7:12). Ele quis dizer que devemos tratar os outros da mesma maneira que gostaríamos de ser tratados por eles. Você gostaria de ser humilhado por alguém? Então, não humilhe ninguém.

Reforce as acusações com fatos, não com suspeitas ou boatos. Enquanto você não tem provas convincentes, não adianta fazer um questionamento radicalizando a posição. Será sempre a palavra de um contra a do outro, momento em que será levantada a hipótese de uma difamação. Espere o momento certo, com provas suficientes das denúncias, para aí sim fazer a confrontação.

Certas pessoas, quando percebem que estão em desvantagem na discussão, passam a acusar o outro de problemas acontecidos no passado. Na falta de argumentos, repense: não traga de volta assuntos que você muitas vezes já disse que haviam sido perdoados. O mesmo acontece quando se acabam os argumentos, partindo para os ataques pessoais. Não critique a aparência do outro cônjuge. Isso não tem nada a ver com o assunto, voltem a ele.

5. Informe seus sentimentos sem ferir o outro

Há pessoas que vão acumulando seus descontentamentos até não aguentarem mais. Uma hora se descontrolam e falam tudo o que nunca falaram de uma só vez. É como jogar uma pedra em uma vidraça: não há como voltar atrás, a pedra atingirá o vidro e o fará em pedaços. Entretanto, mais tarde, chegará o arrependimento.

Caso você esteja tão tenso com a situação que não consiga conversar equilibradamente sobre o problema sem cair no choro, uma boa sugestão é escrever uma carta. Coloque apenas os pontos principais a serem discutidos pessoalmente, como se fosse o resumo da conversa. Espere um momento apropriado, entregue a carta e diga: "Eu me expresso melhor escrevendo, por isso coloquei alguns tópicos principais sobre os quais precisamos conversar. Gostaria que você lesse toda a carta e, depois disso, avaliaremos juntos item por item."

Descubra a melhor maneira, a que você se sentir mais à vontade, para informar o outro acerca dos seus sentimentos, sem feri-lo ou magoá-lo. Vocês podem estar passando por um problema, mas o mundo não acaba por causa disso. Não pense em desestruturar a pessoa que você ama.

6. Mantenha o foco na solução do problema

Ninguém aguenta ficar discutindo por muito tempo. Isso produz um desgaste emocional muito grande, sem contar o abatimento físico e espiritual. Quanto mais rápidas e curtas forem as discussões, melhor. Para isso, devemos ser o mais direto possível na solução das divergências. Mantenha o foco da discussão no problema central da discordância.

Não acrescente assuntos novos à atual discussão. É bem melhor acontecerem várias conversas rápidas e leves, cada uma separada da outra pelo espaço de alguns dias. Não adianta nada haver poucas brigas se vocês as tornam cada vez mais longas, tensas e explosivas. Tentem sempre se lembrar sobre o que exatamente vocês começaram a discutir e não fujam desse tema. Quanto mais derem voltas, mais se perderão do caminho para as soluções.

7. Faça críticas construtivas

Ao criticar o seu cônjuge, você consegue oferecer uma tentativa para solucionar o problema? De nada adianta apenas apontar o erro, lamentar-se por ele e não tirar lições para não fracassar novamente no futuro. Perturbar o cônjuge ao apontar suas falhas só o desanimará e o colocará cada vez mais para baixo, justamente quando ele precisa ser incentivado a reagir.

De nada adiantará ficar ofendendo ao marido ou à esposa, se ele(a) insistiu em abrir um negócio que não foi bem-sucedido, por exemplo. Se continuarem a se humilhar mutuamente, além de perderem o dinheiro que investiram, vão perder a amizade e a vontade de lutar juntos para sair do problema. Por toda a vida, um casal é sócio em muitos empreendimentos. Perante a lei, em várias ocasiões, eles respondem juntos por erros e acertos. Já que isso é uma verdade perante a justiça, marido e mulher devem se encarar como participantes de uma mesma empresa. Portanto, será muito produtivo se aprenderem, juntos, com possíveis fracassos e buscarem ajuda para novos projetos que venham a realizar. Em vez de críticas destrutivas, façam observações positivas buscando um futuro cada vez melhor.

8. Cuidado com exageros e generalizações

Casais nervosos e estressados muitas vezes usam expressões exageradas como "você nunca..." ou "você sempre...". É evidente que são generalizações que irritam demais quem é atingido por elas: "Você nunca me amou!" Como? Vocês estão casados há 15 anos e nunca se amaram? É óbvio o exagero. A palavra "nunca" envolve "a totalidade" do tempo. Será que seu cônjuge nunca manifestou amor? Claro que vocês serão mais equilibrados e verdadeiros se disserem: "Nesses anos em que vivemos juntos, muitas vezes eu não me senti amado(a) por você." Assim está melhor. Você terá demonstrado sua insatisfação sem acender a ira da outra pessoa, que certamente teve muitos momentos reais de amor. Outro exemplo de generalização é: "Você sempre foi um(a) chato(a)!" Como pode a pessoa ser tão chata se o casal está junto há tantos anos? Certamente tiveram tempos agradáveis também. Você já pensou na possibilidade de ter sido você o culpado pelo outro ter se tornado "um chato"? Mas a sua reclamação usou a palavra "sempre" que novamente envolve "a totalidade" do tempo. A expressão será mais próxima da realidade se disser: "Há muito tempo você não é tão descontraído(a) e divertido(a) como era no início do casamento. O que aconteceu?" Pronto! Você está sendo verdadeiro(a) e ao mesmo tempo está manifestando seu descontentamento, sem deixar de reconhecer a fase boa que existiu, mesmo com curta duração.

9. Não use o humor na hora da briga

O humor é maravilhoso e tem o poder de aliviar as tensões, mas quando usado de maneira infeliz pode aumentar a tensão. O momento de acerto conjugal certamente não é apropriado para piadas. É quase certo que elas não serão compreendidas ou então serão mal-interpretadas. Apesar da ironia como tentativa de finalizar uma longa discussão ou acalmar os ânimos, o que acontece na maior parte das vezes é que o final da discussão não é tão feliz como se gostaria. Não use sarcasmo. Discussões de casal precisam ter seriedade e maturidade. O humor poderá ser usado, mas só depois que as divergências estiverem resolvidas. Então a descontração será muito bem-vinda e necessária!

10. Admita quando o erro for seu

O pastor Jaime Kemp, um norte-americano que vive há mais de quarenta anos no Brasil e que tem mais de cinquenta livros escritos na área de orientação familiar, costuma dizer o seguinte em suas palestras para casais: "Existem três frases que podem salvar o seu casamento: (1) Eu estava errado; (2) Você me perdoa?; (3) Eu amo você." Concordamos plenamente com elas.

Todo ser humano pode cometer sua parcela de erros. Mesmo a Bíblia diz que "todos pecaram e estão afastados da presença gloriosa de Deus" (Romanos 3:23 NTLH). Isso quer dizer que todos erram. Mas certas pessoas têm uma tremenda dificuldade em admitir um erro; não conseguem aceitar que falharam. É óbvio que ninguém faz uma escolha pensando em errar: nosso objetivo é sempre acertar. Porém, algumas vezes, mesmo tentando acertar, fazemos escolhas erradas e falhamos. Devemos reconhecer o erro e aprender com a situação, visando não errar novamente.

Além da necessidade de admitir seu erro, o cônjuge deve também perguntar se o outro o perdoa. Muitas pessoas conseguem até admitir que erraram, mas têm dificuldade em verbalizar as três palavras: "Você me perdoa?" Conhecemos uma pessoa que durante muito tempo não conseguia pedir perdão após se arrepender de algo. Ela ficava tão constrangida por suas atitudes que se oferecia à pessoa ofendida para ajudá-la em outras coisas, como realizar pequenas tarefas, dar uma carona, emprestar alguma ferramenta etc. Ajudar a quem prejudicou era um modo de lhe pedir perdão por sua maneira errada de agir. Você conhece alguém que também procede assim? Facilite as coisas e acolha-a. No íntimo, ela sente muito pelo que fez, mas tem dificuldades em verbalizar um pedido de desculpas. Essa pessoa deve amadurecer e aprender que o pedido de perdão é necessário. Mas, por enquanto, tenha paciência com ela e perceba que o principal ela já fez: arrependeu-se de sua atitude.

Já a frase "eu amo você" serve muito bem aos homens: digam constantemente que amam suas esposas. As mulheres parecem ter um tanque de combustível emocional que precisa ser cheio todos os dias de amor, além de atitudes de carinho e romantismo. Assim como um carro sem combustível fica parado no meio do caminho, também acontece com elas quando não estão supridas pelo amor e absolutamente convencidas de que são amadas pelos seus maridos.

No entanto, há homens que pensam: "Minha esposa já sabe que eu a amo. Não preciso ficar falando a toda hora!" Quando questionados sobre a última vez em que expressaram seu amor, eles brincam: "No dia do casamento, oras!" Esses maridos vão ter muitos problemas em seus relacionamentos conjugais até aprenderem que precisamos respeitar nossas diferenças com relação às mulheres, suprindo-as de amor todos os dias, por meio de palavras e de atitudes.

Ao juntarmos as três frases — "Eu estava errado(a)!", "Você me perdoa?", "Eu amo você!" —, percebemos como essas são declarações importantes, necessárias e verdadeiras. Realmente elas já têm salvado e continuarão a salvar muitos outros casamentos. Que tal começar a usá-las a partir de agora?

Após a leitura de todo este capítulo, espero que você tenha decidido a partir de hoje fazer de suas brigas *discussões sadias*. Aprenda a conversar sobre suas diferenças como uma pessoa adulta e madura. Saiba expor seus pontos de vista, mas também considere que você age com grandeza quando ouve opiniões diferentes das suas sem considerá-las como ataques pessoais. A soma das ideias pode ser extremamente construtiva e criativa. Essa atitude, sem dúvida alguma, fará de você um ser humano melhor.

Capítulo 10

Deixando tudo em pratos limpos

Brigas são inevitáveis. Já que existem, temos que fazer bom uso delas. Se concordarmos com essa premissa, o espaço em que se dá o relacionamento deixa de ser um ringue para ser um lugar de crescimento e aprendizagem. Acima de tudo, um lugar para exercer a misericórdia, a justiça, a bondade, o domínio próprio, a mansidão e os demais frutos do Espírito descritos em Gálatas: "Mas o fruto do Espírito é amor, alegria, paz, paciência, amabilidade, bondade, fidelidade, mansidão e domínio próprio" (Gálatas 5:22-23). Existe uma crença de que o casal que se ama não briga. Mas, como vimos até aqui, aqueles que souberem aproveitar bem uma discussão, com um bom nível de diálogo, podem enriquecer ainda mais a relação, além de abrir espaço para atitudes como ser responsável, amadurecer, desenvolver-se, mudar positivamente, aprender a fazer as pazes e exercitar o perdão.

Infelizmente, a maior parte das brigas é inútil. Prejudicam não só o relacionamento, mas também a própria pessoa e as demais que estão ao redor, que convivem no mesmo ambiente. Nessas situações, as discussões são perigosas e destrutivas, pois neutralizam o afeto e produzem marcas que geram mágoas, ressentimentos e deterioram a convivência.

A briga é prejudicial, quando os objetivos são:

- Atacar, defender-se e justificar-se.
- Despejar queixas e frustrações acumuladas.
- Expressar acusações, e não sentimentos.
- Fazer apenas críticas destrutivas.
- Argumentar em contrário, em vez de ouvir o que o outro tem a dizer.
- Interromper quando o outro fala.
- Usar de gritos, gestos obscenos e xingamentos.
- Persuadir o outro a aceitar sua opinião com manipulações.

Enfim, há uma lista enorme de aspectos negativos. A Bíblia compara tais comportamentos manifestados em nós como "obras da carne", como lemos em Gálatas 5:19-21: "As obras da carne são: imoralidade sexual, impureza e libertinagem; idolatria e feitiçaria; ódio, discórdia, ciúmes, ira, egoísmo, dissensões, facções e inveja; embriaguez, orgias e coisas semelhantes."

As pessoas compulsivas, que brigam por qualquer razão, são descontroladas, explosivas e, com facilidade, podem partir para a violência física. Quanto a esse aspecto é necessário tomar algumas atitudes.

A primeira providência é orar

Pedir que Deus mostre se essa ira tem origem em um problema espiritual. Algumas vezes, o descontrole existe quando alguém está com uma atitude errada, uma vida dupla ou fora da vontade de Deus. Para não ser questionada ou descoberta, ela tem ataques nervosos, utiliza agressões verbais etc. O antídoto é confessar seus pecados a Deus e à pessoa envolvida, para ficar em paz com o Senhor, consigo mesmo e com o outro: "Se confessarmos os nossos pecados, ele é fiel e justo para perdoar os nossos pecados e nos purificar de toda injustiça" (1João 1:9).

Pedir o discernimento de Deus

Existem situações espirituais mais graves, em que Deus precisa nos dar o seu discernimento — quando há uma opressão satânica ou talvez até possessão demoníaca (no caso do cônjuge ainda não ter entregue sua vida a Jesus). O apóstolo Pedro nos adverte: "Sejam sóbrios e vigiem. O diabo, o inimigo de vocês, anda ao redor como leão, rugindo e procurando a quem possa devorar" (1Pedro 5:8). Sabemos que estamos em luta constante e que precisamos estar atentos. Como diz Paulo, nossa luta não é apenas contra nossa carne e nossos desejos mais sórdidos, mas contra as forças espirituais do mal, que querem nos destruir — e isso inclui os nossos relacionamentos. Em Efésios 6:12, está escrito: "pois a nossa luta não é contra pessoas, mas contra os poderes e autoridades, contra os dominadores deste mundo de trevas, contra as forças espirituais do mal nas regiões celestiais."

Buscar auxílio médico

Outra hipótese que não podemos descartar é verificar se há um problema na área médica. Alguns medicamentos que a pessoa toma regularmente podem ter efeitos colaterais e deixá-la com mau humor, descontrole emocional, irritação, entre outros sintomas. Caso sejam frequentes, é necessário verificar com o seu médico se alguma substância da medicação está interferindo no sistema nervoso.

Essas reações também são encontradas em pessoas que foram viciadas em drogas ou ainda estão em recuperação. Além desses, os alcoólatras também podem apresentar características de explosões emocionais. Esses casos devem ser igualmente avaliados por um médico, que vai dar as orientações necessárias para uma boa qualidade de vida à pessoa e, consequentemente, melhorar seu relacionamento com os outros.

Verificar a área psicológica

Mais uma questão de ordem médica a ser considerada é verificar se o cônjuge apresenta uma instabilidade emocional frequente, forte e persistente. Deve-se avaliar também se o seu relacionamento com os familiares é instável e conturbado, se seus vínculos amorosos não são duradouros ou se há dificuldade de respeitar autoridades e permanecer nos empregos. Essas pessoas podem apresentar sentimentos intensos de raiva, tristeza, impulsividade, teimosia, ciúmes, desespero, medo, apego afetivo exagerado, rejeição, insatisfação pessoal e descontrole emocional. Se a permanência desses sintomas se torna um estilo de vida e está trazendo prejuízos para o cônjuge e aos que vivem ao seu redor, fazendo a convivência algo insuportável, é possível estar diante de alguém com um quadro de transtorno de personalidade. É imprescindível que se consulte um médico psiquiatra para um diagnóstico preciso. Se a pessoa aderir a um tratamento medicamentoso e psicoterapêutico eficaz, poderá ter uma vida mais centrada e uma convivência mais saudável com as pessoas e consigo mesma.

Alguns podem apresentar resistências antes de consultar um psiquiatra ou um psicólogo, por haver o equivocado estigma de que eles só cuidam de "loucos". É importante compreender que o psiquiatra não trata apenas de transtornos mentais, mas trabalha também os transtornos do humor, afetivos, da impulsividade, além de outros que comprometem nossas emoções e nossos sentimentos.

Vale a pena salientar que a necessidade de um diagnóstico médico se justifica nos casos em que os sintomas ocorrem com constância e em várias situações diferentes. Não é o caso de uma crise isolada, que aconteceu uma única vez. Por exemplo: uma esposa que tem um ataque explosivo diante de uma indignação sobre um comportamento reprovável do marido, não é suficiente para indicar que tenha um transtorno psicológico. O alerta deve ser dado ao relacionamento como um todo, verificando as alterações de conduta, se a pessoa interpreta os fatos de maneira distorcida e tem a convivência social prejudicada.

Existem várias categorias de transtornos de personalidade que podem estar presentes na vida de uma pessoa em vários graus, do mais leve, passando pelo moderado, grave, agudo e crônico. Se estiverem em situações que deflagrem a patologia que trazem consigo, pode-se desencadear grandes prejuízos nos relacionamentos.

Alguns dos transtornos de personalidade, segundo os códigos DSM-IV do *Manual diagnóstico e estatístico de transtornos mentais* (Diagnostic and Statistical Manual of Mental Disorders), da Associação Americana de Psiquiatria (APA), classificam-se pelos seguintes critérios:

- Antissociável: irresponsável, explorador, insensível, sem remorsos.
- *Borderline*: apresenta relacionamento emocional intenso, confusão e desorganização com instabilidade das emoções.
- Paranoia: desconfiança; sensação de ser passado para trás ou traído.
- Dependência: confiança excessiva nos outros.
- Esquizoidia: dificuldade de formar vínculos pessoais ou de expressar emoções.
- Ansiedade: autoestima baixa.
- Histrionismo: dramático, busca todas as atenções.
- Obsessão: perfeccionista, rigoroso.

Se você convive com uma pessoa com esses comportamentos discrepantes, é preciso ajudá-la a aceitar a necessidade de avaliação feita por pessoa especializada no assunto, no caso, um psicólogo ou psiquiatra. Essa conversa deve acontecer de uma maneira séria, mas com muito cuidado, para que ela entenda a sua realidade. Apresente os fatos, relembre acontecimentos, danos causados e faça uma apresentação convincente. Se for preciso, avise que se ela não tomar nenhuma providência, você recorrerá à família, aos líderes da igreja ou a qualquer outra pessoa que possa contribuir para que o problema seja resolvido.

Caso a situação envolva violência emocional ou física, você poderá também pedir auxílio ao Conselho Tutelar, à Vara da Família, à Delegacia da Mulher ou de Polícia. É necessário quebrar as barreiras e fazer o que for preciso para obter relacionamentos mais equilibrados.

AJUDA DO ALTO E NÃO AUTOAJUDA

Neste livro tentamos abordar vários temas que nos direcionam a ter uma convivência com menos estresse e mais harmonia. Destacamos alguns tópicos mais fáceis de serem colocados em prática, porém, outros assuntos como limites, máscaras, perdão, ouvir o coração do outro, buscar mais intimidade e transparência, demandam enfrentamento e superação. Há comportamentos, pensamentos e atitudes que estão internalizados em nós desde a infância. Alguns foram herdados de nossos pais e outros foram adquiridos ao longo de nossa história de vida.

Entretanto, este não é um livro de autoajuda. Por mais que você se esforce para colocar algumas dessas ideias, técnicas ou sugestões em prática, somente um relacionamento íntimo com Deus é que poderá lhe garantir uma vida de amor, de equilíbrio e de sabedoria para enfrentar as dificuldades. "Pois Deus não nos deu espírito de covardia, mas de poder, de amor e de equilíbrio" (2Timóteo 1:7).

O rei Salomão diz: "Para ser sábio, é preciso primeiro temer a Deus, o SENHOR" (Provérbios 1:7 NTLH). Você precisará de sabedoria para ser uma pessoa equilibrada e desenvolver relacionamentos saudáveis. Busque uma intimidade com Deus e orientação em sua Palavra, a Bíblia Sagrada. Nela, você encontrará a vontade e os propósitos de Deus para o homem desde a criação. Além de experimentar a graça, o amor e o poder perdoador de Jesus Cristo na cruz.

> A palavra de Deus é viva e eficaz, e mais afiada que qualquer espada de dois gumes; ela penetra ao ponto de dividir alma e espírito, juntas e medulas, e julga os pensamentos e intenções do coração. (Hebreus 4:12)

> Visto que temos um grande sumo sacerdote que adentrou os céus, Jesus, o Filho de Deus, apeguemo-nos com toda a firmeza à fé que professamos, pois não temos um sumo sacerdote que não possa compadecer-se das nossas fraquezas, mas sim alguém que, como nós, passou por todo tipo de tentação, porém, sem pecado. Assim sendo, aproximemo-nos do trono da graça com toda a confiança, a fim de recebermos misericórdia e encontrarmos graça que nos ajude no momento da necessidade. (Hebreus 4:14-16)

Temos sentimentos, pensamentos e opiniões diferentes. Além disso, somos humanos, falhos e imperfeitos. Logo, discussões, atritos, desacordos, brigas ou quaisquer tipos de conflitos sempre existirão em nossas vidas. Brigamos conosco mesmo, com Deus, com as pessoas e até com os animais domésticos. Desde a queda do homem, iniciou-se o ciclo das desavenças. Adão culpou a Deus e a Eva; Eva culpou a serpente, e assim até hoje caminha a humanidade.

Relacionamentos perfeitos e saudáveis, sem nenhum problema, só os teremos na eternidade, com Jesus no seu Reino de justiça e amor. Mas, até lá, temos um longo caminho a percorrer. Precisamos viver um dia de cada vez, contando com o sobrenatural de Deus para administrar aquilo que para nós é impossível realizar. O desafio é cada vez haver menos desentendimentos, buscar a paz com Deus, consigo mesmo e com o outro.

Que Deus nos capacite a seguir vivendo e aprendendo a brigar de maneira saudável!

Referências

Capítulo 2

SMALLEY, Gary. *Eu prometo: o compromisso para o sucesso do seu casamento*. Rio de Janeiro: Thomas Nelson, 2012.

Capítulo 3

BARCELOS, Carlos. *Quero minha vida de volta*. São Paulo: Alpha Conteúdo, 2010.

CLOUD, Henry; TOWNSEND, John. *Limites no casamento*. São Paulo: Vida, 2001.

Capítulo 4

WEINBERG, Cybelle. *Geração delivery: adolescer no mundo atual*. São Paulo: Sá Editora, 2001.

Capítulo 5

BERCKHAN, Barbara. *Como se defender de ataques verbais*. Rio de Janeiro: Sextante, 2011.

Capítulo 6

FENNELL, D.L. Characteristics of Long-Term First Marriages. In: *America Association for Marriage and Family Therapy* (org.). Chicago: 45th Annual Conference Book of Abstracts, 1987. p.418

GOTTMAN, John. *Sete princípios para o casamento dar certo*. Rio de Janeiro: Objetiva, 2000.

LAHAYE, Beverly; LAHAYE, Tim. *O ato conjugal*. Belo Horizonte: Betânia, 1984.

LAUER, R.; LAUER, J.; KERR, S. The Long-Term Marriage: Perceptions of Stability and Satisfaction. In: *International Journal of Aging and Human Development*. New York: Bauwood Publishing, 1990, p. 189-195.

NORGREN, Maria B.P e et. Revista Estudos de Psicologia. Natal, 2004. vol. 9, nº 3, disponível em http://www.scielo.br/scielo.php?script=sci_arttext&pid=S1413-294X2004000300020#tx

SHALIN, A.S.; KASLOW, F.; HAMMERSCHMIDT, H. Together Through Thick and Thin: a Multinational Picture of Long-Term Marriages. New York: The Haworth Clinical Practice Press, 2000.

WHEAT, Ed; WHEAT, Gaye. *Sexo e intimidade*. São Paulo: Mundo Cristão, 1988.

Capítulo 7

ARISTÓTELES. *Ética a Nicômaco*. São Paulo: Ed. Abril Cultural, 1973. Coleção "Os Pensadores".

BARROS, Célia Silva Guimarães. *Pontos de psicologia do desenvolvimento*. São Paulo: Ed. Ática, 2012. p.155.

COLLINS, Gary. *Aconselhamento cristão*. São Paulo: Vida Nova, 2011. p. 90.

FURTADO, Odair; BOCK, Ana Mercês Bahia; TEIXEIRA, Maria de Lourdes Trassi. *Psicologias: uma introdução ao estudo da psicologia*. 14ª edição. São Paulo: Ed. Saraiva, 2009. p. 255.

HOFF, Paul. *O pastor como conselheiro*. São Paulo: Vida, 2009.

Capítulo 8

BOOM, Corrie ten; SHERRILL, John; SHERRILL, Elizabeth. *Refúgio secreto*. Minas Gerais: Ed. Betânia, 2000.

BRITO, Mardônio. *Das trevas para luz: a conversão de Paulinho Bang Bang*. Minas Gerais: Ministério Almas para Cristo. 1995.

Citação de Desmond Tutu. In: MALDONADO, Jorge. Construindo famílias saudáveis. Revista *PSICOTEOLOGIA*, Ano XX, no. 41, CPPC, SP, 2007.

KERR NETO, Guilherme. *Consciência limpa: o lugar da confissão e do perdão na vida cristã*. São Paulo: VPC, 2001.

Capítulo 10

American Psychiatric Association (APA). *Manual Diagnóstico e Estatístico de Transtornos Mentais*. 4ª edição. Texto revisado - DSM- IV--TR. Porto Alegre: Artmed, 2002.

Este livro foi composto em Weiss Std 12 e
impresso pela Meta Brasil sobre papel Chambril Avena 80g para a
Thomas Nelson Brasil em 2014.